# DEN KOMPLETTE KOGEBOG FOR HAKKEKØF

Hurtige og overkommelige opskrifter på hakket oksekød, der gør hverdagen nemmere og mere lækker

Mette Berglund

## Alle rettigheder forbeholdes.

### Ansvarsfraskrivelse

Oplysningerne i denne e-bog er beregnet til at tjene som en omfattende samling af strategier, der er udforsket af forfatteren til denne e-bog. Resuméer, strategier, tips og tricks er kun forfatterens anbefalinger, og læsning af denne e-bog garanterer ikke, at dine resultater nøjagtigt afspejler forfatterens resultater. Forfatteren af e-bogen har gjort enhver rimelig indsats for at give aktuelle og nøjagtige oplysninger til e-bogens læsere. Forfatteren og hans bidragydere kan ikke holdes ansvarlige for eventuelle utilsigtede fejl eller udeladelser, der måtte blive fundet. Materialet i e-bogen kan indeholde oplysninger fra tredjeparter. Tredjepartsmateriale indeholder meninger udtrykt af deres ejere.

E-bogen er Copyright © 2022 med alle rettigheder forbeholdt. Det er ulovligt at videredistribuere, kopiere eller skabe afledte værker fra denne e-bog helt eller delvist. Ingen del af denne rapport må reproduceres eller videredistribueres i nogen form uden udtrykkelig og underskrevet skriftlig tilladelse fra forfatteren.

# INDHOLDSFORTEGNELSE

INDHOLDSFORTEGNELSE .................................................................. 3
INTRODUKTION ............................................................................... 6
MORGENMAD ................................................................................... 8
   1. Kødædende vafler ................................................................... 9
   2. Kødædende Quiche ............................................................. 11
   3. Kødædende bagte æg ......................................................... 13
BURGERE OG SANDWICHES ........................................................ 14
   4. Chunky Sloppy Joes ............................................................ 15
   5. Genvej Bacon Cheeseburgers ........................................... 16
   6. Sjov på en bolle .................................................................... 18
   7. Cheeseburger til mikroovn ................................................ 20
SALATER ........................................................................................ 21
   8. Lettere stablet tacosalat .................................................... 22
   9. Ufyldt kål ............................................................................. 24
   10. Hoisin oksesalatkopper .................................................... 26
HAKKET OKSEKOLD ...................................................................... 29
   11. Lagdelt spaghettigryde .................................................... 30
   12. Enchilada gryderet ........................................................... 32
   13. Veggie Oksegryde ............................................................ 34
   14. Pizzagryde ......................................................................... 36
   15. Shiitake & Cheese burgergryde ...................................... 38
HAKKET CHILI ............................................................................... 39
   16. Cincinnati Chili .................................................................. 40
   17. Oksekød og pølse Chili .................................................... 42
   18. Zippy Black-Bean Chili ..................................................... 44
   19. Chunky Grøntsager og Oksekød Chili ........................... 46
   20. Brødskål Chili .................................................................... 48
   21. Pasta e Fagioli ................................................................... 50

22. Tacosuppe ........ 52
23. Chili Mac ........ 54
24. Oksekød og bønne Chili ........ 56
## SNACKS OG DESSERTER ........ 57
25. Beefy Pizza Muffins ........ 58
26. Spaghetti Sundaes ........ 60
27. Easy Cottage Pie ........ 62
28. Mexicanske Lasagne Rollups ........ 64
29. Slow Cooker Cheese Dip ........ 66
## PIZZA ........ 67
30. Oksekød og svampepizza ........ 68
31. Frikadellepizza ........ 72
32. Chicago Style Pizza ........ 76
33. Hollandsk ovnpizza ........ 79
34. Mexicansk Pizza ........ 81
35. Pepperoni Pizza Chili ........ 84
36. Pizzaburgere ........ 86
37. Torsdag aften Pizza ........ 88
38. Hamburger Pizza ........ 91
39. Backroad Pizza ........ 93
40. Børnevenlige pizzaer ........ 95
41. Kærnemælkspizza ........ 97
42. Worcestershire Pizza ........ 99
43. Pizza Rigatoni ........ 102
44. Pizza i mexicansk stil ........ 104
## Frikadeller ........ 106
45. Femten minutters frikadeller ........ 107
46. Frikadeller i tomatsauce ........ 109
47. Frikadeller spyd ........ 111
48. Hjertelig spaghetti & frikadeller ........ 114

49. Osteagtige frikadeller .................... 116
50. Frikadeller & spaghetti sauce .................... 118
51. Frikadeller med nudler i yoghurt .................... 120
52. Stracciatelle med frikadeller .................... 122
53. Frikadeller og raviolisuppe .................... 124
54. Bulgarsk frikadellesuppe .................... 126
55. Frikadeller og frankfurtere .................... 128
56. Manhattan frikadeller .................... 130
57. Vietnamesiske frikadeller .................... 132
58. Svenske frikadeller appetitvækkere .................... 133
59. Afghansk kofta .................... 136
60. Skotske frikadeller .................... 138
61. Hawaii frikadeller .................... 140
62. Russiske frikadeller .................... 142
63. Middelhavsfrikadeller .................... 144
64. Græske frikadeller .................... 146
65. Nemme svenske frikadeller .................... 148
66. Ghana frikadeller gryderet .................... 150
67. Kantonesiske frikadeller .................... 152
68. Festlige cocktailfrikadeller .................... 154
69. Tranebærcocktailfrikadeller .................... 156
70. Vinfrikadeller .................... 158
71. Chuletas .................... 160
72. Glidende ret festfrikadeller .................... 162
73. Varme frikadeller sandwich .................... 164
74. Frikadelle-aubergine-subs .................... 166
75. Frikadeller heltesandwich .................... 168
76. Frikadeller-aubergine-subs .................... 170
77. Mexicansk tortillafrikadellesuppe .................... 172

# RAMEN OG PASTA .................... 173

78. Hayashi hakket oksekød karry .................................................................. 174
79. Ramen nudelgryde med bøf ...................................................................... 176
80. Japanske karrykugler ................................................................................. 178
81. Mock ramen pot pie .................................................................................. 180
82. Ramen nudelgryde med bøf ...................................................................... 182
83. Ramen lasagne .......................................................................................... 184
84. Fermenterede Sichuan nudler .................................................................. 186
85. Amerikansk hakkebøf ramen .................................................................... 189
86. Mung bang nudler stegepande ................................................................. 191
87. Omrørt hakket oksekød Ramen ................................................................ 194
88. Fransk ramen pande ................................................................................. 196
89. Pastitsio ...................................................................................................... 198
90. Koreansk måltid tilberedt oksekød skåle .................................................. 200

**HOVEDRET** ................................................................................................. 203
91. Oniony Salisbury Steaks ............................................................................ 204
92. Kødbrød i hjemmet ................................................................................... 206
93. Cheesy Burger Fries .................................................................................. 208
94. Bagt Gulasch ............................................................................................. 210
95. Easy Stroganoff ......................................................................................... 212
96. Alt i én Pierogi Skillet ................................................................................ 214
97. Murerkrukke Bolognese ............................................................................ 216
98. Oksekød i græsk stil med grøntsager ........................................................ 219
99. Oksekød fyldt zucchini .............................................................................. 221
100. TexMex gryde ......................................................................................... 223

**KONKLUSION** ............................................................................................ 225

# INTRODUKTION

Er du i tvivl om, hvad du skal lave med hakket oksekød? Så er du kommet til det rigtige sted. Der er så mange måder at tilberede noget lækkert med hakket oksekød! Denne bog vil inspirere dig med de bedste og mest populære hakkebøfsopskrifter fra lækre saftige hamburgere, kødfulde pastaer og lasagner, solide supper, trøstende kødtærter, kødfulde mexicanske retter, bedre end take-away asiatiske retter og meget mere!

Hvis du ønsker at spise rigtigt og have det godt, er disse sunde hakkebøfsopskrifter et godt sted at komme i gang!

# MORGENMAD

1. **Kødædende vafler**

portioner: 4 (1 vaffel)

**INGREDIENSER:**
- 4 ounces malet kylling eller malet kalkun
- 5 æg
- 2 spsk tør parmesanost
- 4 ounce hakket oksekød

**RETNINGSLINJER :**
a) Læg oksekød og kylling i en gryde og tilsæt ca. 1 - 1-$\frac{1}{2}$ dl vand.
b) Stil gryden over medium-høj varme og bring det i kog. Skru lidt ned for varmen og kog i 5-7 minutter. Overfør kødet i et dørslag. Lad det køle af i 10 minutter.
c) Kom det let afkølede kød over i foodprocessorskålen. Tilsæt også æg og parmesan. Bearbejd indtil virkelig glat.
d) Forvarm vaffeljern. Smør og fordel $\frac{1}{4}$ af blandingen på jern. Kog vafler som du ville i 5-7 minutter, eller indtil de er kogte.
e) Fjern vaflen og læg den på en tallerken. Afkøl et par minutter og server. Gentag trinene og lav de andre vafler.

## 2. Kødædende Quiche

portioner: 8

## INGREDIENSER:
- 1 pund hakket oksekød
- 1-pund hakket okselever
- 1-pund hakkebøfhjerte
- Smør eller ghee eller oksetalg eller andet animalsk fedt efter eget valg, til at tilberede efter behov
- Salt efter smag
- 6 æg

## RETNINGSLINJER :
a) Tag 2 tærteplader (9 tommer) og smør dem let med lidt smør eller ghee.
b) Sørg for, at din ovn er forvarmet til 360 ° F.
c) Tilsæt oksekød, okselever, oksehjerte, salt og æg i en skål og bland godt.
d) Fordel blandingen i de 2 tærteplader.
e) Bag kødtærterne, indtil de er stivnede, omkring 15 til 20 minutter.
f) Skær hver i 4 lige store skiver, når de er færdige, og server.

## 3. Kødædende bagte æg

portioner: 2

**INGREDIENSER:**
- ½ spsk saltet smør
- ½ tsk tørret persille
- ¼ tsk stødt røget paprika
- 2 store æg
- 3,5 ounce hakket oksekød
- ½ tsk stødt spidskommen • Salt og peber efter smag
- ¼ kop revet cheddarost

**RETNINGSLINJER :**
a) Forvarm din ovn til 400 ° F.
b) Tilsæt smør i en lille ovnfast stegepande og stil det over høj flamme og lad det smelte.
c) Tilsæt oksekød og kog i et minut under omrøring hele tiden.
d) Rør paprika, salt, peber, spidskommen og persille i. Bræk kødet, mens det steger. Sluk for varmen.
e) Læg kødblandingen jævnt ud over hele panden. Lav 2 huller i gryden. Hullerne skal være store nok til, at et æg kan passe ind.
f) Knæk et æg i hvert hulrum.
g) Sæt gryden i ovnen og bag indtil æggene er stegt som du foretrækker.

**BURGERE OG SANDWICHES**

## 4. Chunky Sloppy Joes

Serverer: 8
Tilberedningstid: 15 minutter
INGREDIENSER
- 1-pund magert hakkebøf
- 1 lille zucchini, hakket
- 1 lille løg, hakket
- 1 lille tomat, hakket
- 2 kopper let spaghetti sauce
- 8 hamburgerboller, delt

VEJLEDNING
a) Brun hakket oksekød, zucchini og løg i en stor stegepande over medium-høj varme 10 til 12 minutter, eller indtil oksekødet ikke længere er lyserødt, og zucchinien er mørt.
b) Reducer varmen til middel-lav og rør tomat- og spaghettisauce i. Kog yderligere 4 til 5 minutter, eller indtil det er opvarmet.
c) Hæld den nederste halvdel af bollerne over, dæk med bolletoppe og server straks.

### 5. Genvej Bacon Cheeseburgers

Serverer: 4
Tilberedningstid: 10 minutter
**INGREDIENSER**
- 1-1/4 pund hakket oksekød
- 1/4 kop baconstykker
- 1/2 kop (2 ounce) revet cheddarost
- 1/2 tsk salt
- 1/4 tsk sort peber
- 1/4 kop tørre brødkrummer
- 1/4 kop vand
- 4 hamburgerboller, delt

**VEJLEDNING**

a) I en stor skål kombineres alle ingredienser undtagen bollerne. Del blandingen i 4 lige store mængder og lav 4 bøffer.

b) Opvarm en stor nonstick-gryde over medium varme og steg frikadeller i 6 til 8 minutter, eller indtil saften er klar, og vend den lejlighedsvis. Server burgere på boller.

## 6. Sjov på en bolle

Serverer: 6
Tilberedningstid: 20 minutter
## INGREDIENSER
- 1-1/2 pund hakket oksekød
- 2-1/4 kopper spaghetti sauce
- 2 tsk lys brun farin
- 1 kop knuste tortillachips
- 6 hamburgerboller

## VEJLEDNING
a) I en stor stegepande, brun hakket oksekød over medium-høj varme omkring 8 minutter, omrøring lejlighedsvis; dræn overskydende væske af.
b) Rør de resterende ingredienser i. Reducer varmen til lav og lad det simre i yderligere 8 til 10 minutter, indtil det er opvarmet.
c) Server på hamburgerboller.

## 7. Cheeseburger til mikroovn

Udbytte: 4 portioner

## INGREDIENSER
- 1 Bagt tærtebund
- 1 pund hakket oksekød
- 1 tsk salt
- $\frac{1}{2}$ tsk oregano
- $\frac{1}{4}$ teskefuld peber
- $\frac{1}{2}$ kop Tørt brødkrummer
- 1 dåse (8-oz) tomatsauce
- $\frac{1}{4}$ kop hakket løg
- $\frac{1}{4}$ kop hakket grøn peber
- 1 æg; slået
- $\frac{1}{4}$ kop mælk
- $\frac{1}{2}$ tsk. Hver: salt; tør sennep og Worcestershire
- 2 kopper revet cheddarost

## VEJLEDNING
a) I en 2-liters gryderet koges og røres kødet, indtil det er brunt, 5-6 minutter. Dræne.
b) Rør salt, oregano, peber, krummer, $\frac{1}{2}$ kop tomatsauce, løg og grøn peber i. Vend til skorpe. Kog på medium i 10 minutter (eller høj i 7 minutter.) Tilsæt mælk til ægget; rør krydderier og ost i.
c) Læg på kødblandingen og steg på medium i 2 minutter eller høj i 1-$\frac{1}{2}$ minut. Brun 3-4 minutter.

### SALATER

## 8. Lettere stablet tacosalat

Serverer: 12
Tilberedningstid: 10 minutter
Forberedelsestid: 5 minutter

## INGREDIENSER

- 1 pund ekstra magert hakkebøf
- 1 (1,25-ounce) pakke tør tacokrydderi
- blande
- 1 hoved icebergsalat, hakket (ca. 8 kopper)
- 3/4 kop (3 ounce) revet cheddarost med reduceret fedtindhold
- 1 (16-ounce) dåse kidneybønner, skyllet og drænet
- 2 store tomater i tern (ca. 2 kopper)
- 1 (8-ounce) pose bagte tortillachips, knust
- 1 kop (8 ounce) sødt og krydret fedtfattigt
- Fransk salatdressing

## VEJLEDNING

a) I en mellemstor stegepande, brun hakkebøf med tacokrydderiblanding, omrør for at bryde kødet op; dræn og afkøl.
b) I en stor glastrifli eller en anden serveringsskål lægges halvdelen af salaten i lag og derefter halvdelen af osten, bønnerne, hakket oksekød og tomaterne. Gentag lagene og top med knuste tortillachips.
c) Lige før servering, dryp med dressing og vend for at dække **INGREDIENSER** godt.

## 9. Ufyldt kål

## INGREDIENSER

- 1 kg hakket oksekød
- 1 stort løg hakket
- 1 lille kålhoved
- 2 kopper hakkede tomater
- 1 dåse tomat passata
- 1/2 kop vand
- 2 fed hvidløg
- 2 tsk salt

## VEJLEDNING

a) Kog oksekød og løg til det er brunt. Tilsæt de resterende ingredienser og bring det i kog.
b) Kog indtil kålen er mør, 30 minutter.

## 10. Hoisin Beef Salatkopper

INGREDIENSER:
- ¾ pund hakket oksekød
- 2 tsk majsstivelse
- Kosher salt
- Friskkværnet sort peber
- 3 spiseskefulde vegetabilsk olie, delt
- 1 spsk skrællet finthakket ingefær
- 2 fed hvidløg, finthakket
- 1 gulerod, skrællet og skåret i julien
- 1 (4-ounce) dåse vandkastanjer i tern, drænet og skyllet
- 2 spsk hoisinsauce
- 3 spidskål, hvide og grønne dele adskilt, skåret i tynde skiver
- 8 brede isbjerge (eller Bibb) salatblade, trimmet til pæne runde kopper

RETNINGSLINJER :
a) I en skål drysses oksekødet med majsstivelse og en knivspids salt og peber. Bland godt for at kombinere.
b) Opvarm en wok over medium-høj varme, indtil en perle vand syder og fordamper ved kontakt. Hæld 2 spiseskefulde olie i og vend rundt for at dække bunden af wokken. Tilsæt oksekødet og brun det på begge sider, vend og vend det, del oksekødet i smuldrer og klumper i 3 til 4 minutter, indtil oksekødet ikke længere er lyserødt. Overfør oksekødet til en ren skål og stil til side.
c) Tør wokken ren og sæt den tilbage på medium varme. Tilsæt den resterende 1 spsk olie og steg hurtigt ingefær og hvidløg med en knivspids salt. Så snart hvidløget er duftende, smid gulerod og vandkastanjer i i 2 til 3 minutter,

indtil guleroden bliver mør. Sænk varmen til medium, kom oksekødet tilbage i wokken, og vend med hoisinsauce og spidskålshviderne. Rør for at kombinere, ca. yderligere 45 sekunder.
d) Fordel salatbladene, 2 pr tallerken, og fordel oksekødsblandingen jævnt mellem salatbladene. Pynt med spidskålsløg og spis som du ville en blød taco.

# GRYDEHAKKET OKSE

## 11. Lagdelt spaghettigryde

Serverer: 6
Tilberedningstid: 32 minutter
Forberedelsestid: 5 minutter

**INGREDIENSER**
- 8 ounce ubehandlet spaghetti
- 1-pund jordpatron
- 1 lille løg, hakket
- 1 (26 ounce) krukke pastasauce med svampe
- 1/4 kop smør
- 1/4 kop universalmel
- 1 (12-ounce) dåse inddampet mælk
- 1/2 kop revet parmesanost
- 1/4 tsk salt
- 1/4 tsk sort peber
- 2 kopper (8 ounce) revet skarp cheddarost, delt

**VEJLEDNING**

a) 1. Kog pasta i henhold til pakkens anvisninger; dræne.
b) 2. I mellemtiden koger du oksekød og løg i en stegepande ved middelhøj varme under omrøring, indtil oksekød smuldrer og ikke længere er lyserødt; dræne. Kombiner pasta, kødblanding og pastasauce i en stor skål; kast at kombinere. Sæt til side.
c) 3. Forvarm ovnen til 400 grader F. Smelt smør i en gryde over medium varme. Rør mel i; kog 1 minut. Pisk gradvist mælk i; kog 5 minutter eller indtil det er tyknet. Fjern fra varmen; rør parmesanost, salt og peber i.
d) 4. Hæld halvdelen af spaghettiblandingen i en let smurt 7- x 11-tommers bageform; hæld ostesauce over spaghetti. Drys med 1 kop cheddarost. Top med resterende

spaghettiblanding, og drys med resterende 1 kop cheddarost. Bag 15 minutter eller indtil osten smelter.
## 12. Enchilada-gryde

Tilberedningstid: 25 minutter
Forberedelsestid: 15 minutter

## INGREDIENSER

- 2 pund jordpatron ● 1 løg, hakket
- 2 (8-ounce) dåser tomatsauce
- 1 (11-ounce) dåse Mexicorn, drænet
- 1 (10-ounce) dåse enchiladasauce
- 1 tsk chilipulver
- 1/4 tsk stødt spidskommen
- 1/2 tsk sort peber
- 1/4 tsk salt
- 10 (5-tommer) majstortillas, delt
- 2 kopper (8 ounce) revet cheddarost, delt

## VEJLEDNING

a) 1. Kog oksekød og løg i en stor stegepande over medium-høj varme, omrør indtil oksekød smuldrer og ikke længere er lyserødt; dræne.

b) 2. Forvarm ovnen til 375 grader F. Rør tomatsauce og de næste 6 ingredienser i kødblandingen; bring i kog. Reducer varmen til medium, og kog uden låg i 5 minutter, under omrøring af og til.

c) 3. Placer halvdelen af tortillas i bunden af en smurt 9- x 13-tommers bageform. Hæld halvdelen af oksekødblandingen over tortillas; drys med 1 kop ost. Gentag lag med resterende tortillas og oksekød blanding.

Serverer: 8

d) 4.Bag 10 minutter. Drys med den resterende ost; bages i yderligere 5 minutter, eller indtil osten smelter. Server med creme fraiche, hvis det ønskes.

### 13. Veggie oksegryde

Tilberedningstid: 24 minutter

**INGREDIENSER**
- 8 ounce ubehandlede albuemakaroni
- 1-1/4 pund malet rund
- 1 spsk rapsolie
- 1 (16-ounce) pose frosne blandede grøntsager, optøet
- 1 (10-3/4-ounce) dåse fløde af svampesuppe, ufortyndet
- 1 kop mælk
- 1/2 tsk tørret oregano
- 1/4 tsk stødt sort peber
- 1 tsk Worcestershire sauce
- 1 (10-3/4-ounce) dåse fløde af selleri suppe, ufortyndet
- 1/2 kop (2 ounce) revet skarp cheddarost

**VEJLEDNING**
a) Kog pasta efter pakkens anvisning. Dræn og sæt til side.
b) Forvarm ovnen til 425 grader F.
c) Kog oksekød i en stor stegepande over medium-høj varme, omrør indtil det smuldrer og ikke længere er lyserødt; afdryp og stil oksekødet til side.
d) Varm olie i samme stegepande over medium varme; tilsæt grøntsager, og sauter 2 minutter. Rør fløde af svampesuppe og de næste 4 ingredienser i.
e) Bring i kog under konstant omrøring. Reducer varmen til medium, og kog i 4 minutter eller indtil den er tyk.

Serverer: 8

f) Kombiner pasta, oksekød, grøntsagsblanding og sellerisuppe i en stor skål. Hæld blandingen i en let smurt 9- x 13-tommers bageform. Drys med ost.
g) Bages uden låg i 10 minutter, eller indtil osten er smeltet.

### 14. Pizzagryde

Tilberedningstid: 22 minutter

**INGREDIENSER**

- 1-pund magert hakkebøf
- 1 (14,5 ounce) dåse tomater i tern med basilikum, hvidløg og oregano
- 1 (10-ounce) beholder nedkølet pizzaskorpe
- 2 kopper (8 ounce) revet mozzarellaost, delt
- 1/4 kop revet parmesanost

**VEJLEDNING**

a) 1. Forvarm ovnen til 425 grader F. Beklæd en 9- x 13-tommers bageplade med madlavningsspray.
b) 2. Brun hakket oksekød i en mellemstor stegepande over medium-høj varme, rør og smuldrer oksekødet, indtil der ikke er lyserødt tilbage; dræne.
c) 3. Tilføj tomater til oksekød; kog til det er gennemvarmet.
d) 4. Rul imens pizzaskorpen ud; tryk over bunden og halvvejs op ad siderne af tilberedt bageform. Drys 1 kop mozzarellaost over skorpen og top med kødblandingen.
e) 5. Bag uden låg i 12 minutter. Top med resterende 1 kop mozzarellaost og drys med parmesanost. Bag 5 minutter, eller indtil skorpen er gylden og osten er smeltet. Skær i firkanter og server.

Serverer: 8

## 15. Shiitake & Cheese burgergryde

MÆRKER: 6
SAMLET TID: 20 minutter

INGREDIENSER
- 1 lb. hakket oksekød (80/20)
- 4 oz. Shiitakesvampe, skåret i skiver
- 1/2 kop mandelmel
- 3 kopper hakket blomkål ● 1 spsk Chiafrø
- 1/2 tsk hvidløgspulver
- 1/2 tsk Løgpulver
- Ketchup
- 1 spsk dijonsennep
- 2 spsk Mayonnaise
- 4 oz. Cheddar ost
- Salt og peber efter smag

VEJLEDNING
a) Forvarm ovnen til 350 grader Fahrenheit.
b) I en stor røreskål kombineres alle ingredienser og halvdelen af cheddarosten.
c) Hæld blandingen i en bagepapirbeklædt 9x9 bradepande. Drys derefter den resterende halvdel af cheddarosten ovenpå.
d) Bages i 20 minutter på øverste rille.
e) Server med ekstra toppings efter udskæring.

## HAKKET CHILI

## 16. Cincinnati Chili

Serverer: 4
Tilberedningstid: 36 minutter

**INGREDIENSER**

- 1-pund magert hakkebøf
- 1 lille løg, hakket
- 1 spsk usødet kakao
- 2 tsk chilipulver
- 1/2 tsk stødt rød peber
- 1/4 tsk stødt allehånde
- 1/4 tsk stødt kanel
- 1 (28-ounce) dåse knuste tomater
- 1 (6-ounce) dåse tomatpure
- 1/4 kop vand
- 1 spsk sukker
- 1/2 tsk salt

**VEJLEDNING**

a) Brun oksekød med løg over medium varme i en stor gryde eller suppegryde i 6 til 8 minutter, eller indtil der ikke er noget lyserødt tilbage i kødet.
b) Hæld overskydende væske fra og sæt gryden tilbage på komfuret og tilsæt de resterende ingredienser; bland godt.
c) Bring det i kog, og reducer derefter varmen til lav og lad det simre i 30 minutter, mens du rører af og til.

## 17. Oksekød og Pølse Chili

Serverer: 8
Tilberedningstid: 50 minutter
## INGREDIENSER
- 2-1/2 pund magert hakkebøf
- 1-1/2 pund italiensk pølse, tarm fjernet
- 2 store løg, hakket
- 2 fed hvidløg, hakket
- 2 dåser (15-1/2 ounce hver) mørkerøde kidneybønner, udrænede
- 1 dåse (28 ounce) knuste tomater
- 1/4 kop chilipulver
- 1 tsk stødt spidskommen
- 1 tsk salt
- 1/2 tsk sort peber

## VEJLEDNING
a) Brun hakkebøf, pølse, løg og hvidløg i en suppegryde ved høj varme i 20 til 25 minutter, under jævnlig omrøring.

b) Tilsæt de resterende ingredienser; bland godt og bring i kog. Reducer varmen til medium-lav og lad det simre i 30 minutter under omrøring af og til.

## 18. Zippy Black-Bean Chili

Gør: 4 kopper
Tilberedningstid: 16 minutter
Forberedelsestid: 3 minutter

## INGREDIENSER

- 1/4-pund hakket oksekød
- 1 spsk chilipulver
- 1 (19-ounce) dåse sorte bønner, skyllet og drænet
- 1 (14-1/2-ounce) dåse knuste tomater, udrænede
- 1 (8-ounce) krukke varm salsa
- Revet cheddarost

## VEJLEDNING

a) Kog hakkebøf i en stor stegepande over medium-høj varme, omrør indtil det smuldrer og ikke længere er lyserødt; dræn godt af. Tilføj chilipulver; kog 3 minutter under konstant omrøring.

b) Tilføj sorte bønner, tomater og salsa; bring i kog. Dæk til, reducer varmen og lad det simre i 5 minutter under konstant omrøring. Drys hver portion med ost.

## 19. Chunky Grøntsager og Oksekød Chili

Serverer: 4
Tilberedningstid: 1 time

## INGREDIENSER

- 2 pund hakket oksekød
- 1 løg, hakket
- 1 (28-ounce) dåse knuste tomater
- 1 (16-ounce) dåse pinto bønner, udrænede
- 1/2 kop vand
- 2 spsk honning
- 2 store zucchinier, groft hakkede
- 2 røde peberfrugter, groft hakket
- 3 spsk chilipulver
- 1-1/2 tsk salt
- 3/4 tsk sort peber

## VEJLEDNING

a) I en 6-quart suppegryde brunes oksekødet og løget over medium-høj varme 5 til 6 minutter, eller indtil der ikke er lyserødt tilbage i oksekødet; dræn den overskydende væske af.

b) Tilsæt de resterende ingredienser; bland godt, læg låg på og bring det i kog. Reducer varmen til lav, og lad det simre i yderligere 45 til 50 minutter, eller indtil grøntsagerne er møre, mens der røres af og til.

## 20. Brødskål Chili

Serverer: 8

Tilberedningstid: 40 minutter

## INGREDIENSER

- 2 pund hakket oksekød
- 1 tsk hakket hvidløg
- 1 (28-ounce) dåse knuste tomater
- 2 (15-ounce) dåser røde kidneybønner, udrænede
- 1-ounce kuvert løgsuppeblanding
- 3 spsk chilipulver
- 8 Kaiser ruller

## VEJLEDNING

a) Kombiner hakket oksekød og hvidløg i en stor gryde ved middelhøj varme og brun i 10 minutter.

b) Tilsæt knuste tomater, kidneybønner, løgsuppeblanding og chilipulver; bland godt og bring det i kog under jævnlig omrøring. Reducer varmen til lav, og lad det simre i 30 minutter.

c) Skær i mellemtiden en 1-1/2-tommer cirkel af toppen af hver rulle og fjern brødcirkler. Reserver cirkler til at servere med chili til dunking. Udhul ruller, efterlader 1/2 tomme brød rundt om siderne, hvilket skaber skåle.

d) Placer brødskåle på tallerkener og hæld chili i dem, så chilien løber over.

## 21. Pasta e Fagioli

Portioner: 10

INGREDIENSER:
- 1 ½ lb. hakket oksekød
- 2 hakkede løg
- ½ tsk rød peberflager
- 3 spsk olivenolie
- 4 hakkede selleristængler
- 2 hakkede fed hvidløg
- 5 kopper hønsebouillon
- 1 kop tomatsauce
- 3 spiseskefulde tomatpure
- 2 tsk oregano
- 1 tsk basilikum
- Salt og peber efter smag
- 1 15-oz. dåse cannellini bønner
- 2 kopper kogt lille italiensk pasta

RETNINGSLINJER :
a) Brun kødet i en stor gryde i 5 minutter, eller indtil det ikke længere er lyserødt. Fjern fra ligningen.
b) Varm olivenolien op i en stor stegepande og steg løg, selleri og hvidløg i 5 minutter.
c) Tilsæt bouillon, tomatsauce, tomatpure, salt, peber, basilikum og rød peberflager, og rør for at kombinere.
d) Læg låg på gryden. Suppen skal derefter koge i 1 time.
e) Tilsæt oksekødet og kog i yderligere 15 minutter.
f) Tilsæt bønnerne og rør sammen. Kog derefter i 5 minutter ved lav varme.

g) Rør den kogte pasta i og kog i 3 minutter, eller indtil den er gennemvarmet.

**22. Tacosuppe**

Serverer: 4

INGREDIENSER:
- 1 lb. hakket oksekød
- 1 spsk olivenolie
- 1 mellemstor løg, hakket
- 2 pakker tacokrydderi
- 2 (15 oz.) dåser hakkede tomater og peber
- 2 kopper hønsebouillon
- 1 (15 oz.) dåse sorte bønner
- 1 (15 oz.) dåse sukkermajskerner
- 1 (15 oz.) dåse Great Northern bønner
- Salt og sort peber efter smag **TOPPINGS:**
- Frisk citronsaft
- Tortilla strimler
- Revet Monterey Jack ost
- Hakkede tomater
- Skåret avocado
- Hakket frisk koriander

**VEJLEDNING**

a) Kog oksekød i en medium gryde ved medium varme i 10 minutter under lejlighedsvis omrøring, indtil det er brunt. Hæld oksekød på en tallerken og stil til side.

b) Varm olivenolie i en gryde og svits løg i 3 minutter eller indtil de er møre.

c) Kom oksekødet tilbage i gryden og tilsæt de resterende ingredienser undtagen toppings. Bring det i kog og lad det simre i 10 minutter, eller indtil suppen tykner lidt. Juster smagen med salt og sort peber.

d) Anret suppen i serveringsskåle og tilsæt toppings.

## 23. Chili Mac

Serverer: 4

## INGREDIENSER:
- 1 lb. hakket oksekød
- Salt og sort peber efter smag
- ½ kop hakket løg
- 1 tsk hakket hvidløg
- 1 (14 oz.) dåse mørkerøde kidneybønner, drænet og skyllet
- 1 (15 oz.) dåse tomater og peber i tern
- 1 (8 oz.) dåse tomatsauce
- ½ kop tørrede makaroni
- ½ kop vand
- 1 spsk chilipulver
- ½ tsk spidskommen pulver
- 1 kop revet cheddarost
- Frisk hakket persille til pynt

## VEJLEDNING
a) Tilføj oksekød til en non-stick medium gryde og kog i 10 minutter eller indtil brun. Smag til med salt og sort peber.
b) Rør løg og hvidløg i; kog i 3 minutter eller indtil løget er mørt.
c) Hæld de resterende ingredienser i bortset fra persille og cheddarost. Bring det i kog og lad det simre i 15 til 20 minutter, eller indtil makaronien er al dente. Juster smagen med salt og sort peber.
d) Drys cheddarost på toppen, læg låg på gryden og lad det simre i 1 til 2 minutter, eller indtil osten smelter.
e) Anret mad og server varm.

## 24. Oksekød og Bønne Chili

## INGREDIENSER:

- ½ kop sorte eller pintobønner på dåse, skyllet og drænet
- ½ kop (ca. 3 oz.) kogt hakkebøf
- ½ kop salsa af høj kvalitet
- 1 tsk skåret spidskål i tynde skiver
- ¼ tsk kosher salt
- 1 tsk finthakkede friske korianderblade
- Cirka 6 tortillachips
- 1 tsk guacamole, til servering
- 1 tsk creme fraiche, til servering

## VEJLEDNING

a) I en lille skål røres bønnerne, hakket oksekød, salsa, spidskål og salt sammen og hældes i en 12-oz. krus.
b) Dæk til og mikroovn indtil det er varmt, cirka 2 minutter. 3. Drys med koriander og sæt chips rundt i kanterne.
c) Server med guacamole og creme fraiche.

**SNACKS OG DESSERTER**

## 25. Beefy Pizza Muffins

Gør: 12 minipizzaer
Tilberedningstid: 25 minutter

## INGREDIENSER
- 1 pund hakket oksekød
- 1 lille løg, hakket
- 1/2 tsk hvidløgspulver
- 1/2 tsk salt
- 1/4 tsk sort peber
- 1-1/2 dl spaghetti sauce
- 6 engelske muffins, delt
- 1 kop (4 ounce) revet mozzarellaost med reduceret fedtindhold

## VEJLEDNING
a) Forvarm ovnen til 400 grader F.
b) I en stor stegepande sauteres hakkebøf, løg, hvidløgspulver, salt og peber ved høj varme 8 til 10 minutter, eller indtil oksekødet er brunet; dræn væsken og rør derefter spaghetti sauce i.
c) Åbn engelske muffins og læg halvdelene på en bageplade; bages i 6 til 8 minutter, eller indtil de er let ristede. Tag muffins ud af ovnen og hæld oksekødsblandingen jævnt over dem. Drys mozzarellaost jævnt over oksekød.
d) Bag muffins i yderligere 7 til 8 minutter, eller indtil de er gennemvarme og osten er smeltet.

## 26. Spaghetti Sundaes

Serverer: 8
Tilberedningstid: 45 minutter

## INGREDIENSER
- 1 pund ukogt spaghetti
- 1 (16 ounce) krukke spaghetti sauce ● 3/4-pund hakket oksekød
- 1/3 kop brødkrummer i italiensk stil
- 1 æg
- 1/2 tsk salt
- 1/4 tsk peber

## VEJLEDNING
a) Forvarm ovnen til 350 grader F.
b) Kog spaghetti efter pakkens anvisning.
c) I en mellemstor gryde varmes spaghetti sauce op ved lav varme, indtil den er gennemvarmet.
d) I mellemtiden, i en stor skål, kombinere frikadelle Ingredienser : hakket oksekød, brødkrummer, æg, salt og peber; bland godt. Form til 8 frikadeller og bag dem på en stor bageplade, der er belagt med madlavningsspray, i 20 til 25 minutter.
e) Smid spaghetti i saucen, indtil den er jævnt dækket, og kom den i glas med sundae. Top hver med en frikadelle og server.

## 27. Nem Cottage Pie

Serverer: 4
Tilberedningstid: 25 minutter
**INGREDIENSER**
- 6 spsk smør, delt
- 1 kop hakket løg
- 1-1/2 pund magert hakkebøf
- Salt og sort peber efter smag
- 1 kop (8 ounce) brun sovs på dåse eller flaske
- 2 kopper kartoffelmos

**VEJLEDNING**
a) Forvarm ovnen til 400 grader F.
b) Varm 4 spsk smør i en stor stegepande. Tilsæt løg og steg under jævnlig omrøring, indtil det er let brunet. Tilsæt oksekød, salt og peber og kog i 5 minutter. Rør sovsen i og varm op til den bobler.
c) Hæld blandingen i en smurt 2-liters ildfast fad.
d) Fordel kartoffelmos over toppen af kødet og dryp med stykker af resterende smør.
e) Bages 15 til 20 minutter, eller indtil kartoflerne er let brunede.

## 28. Mexicanske Lasagne Rollups

Serverer: 8
Tilberedningstid: 50 minutter

## INGREDIENSER
- 8 ukogte lasagne nudler
- 3 kopper salsa, delt
- 1 pund hakket oksekød
- 1 (1,25 ounce) pakke tacokrydderiblanding
- 1 kop (4 ounce) revet Monterey jack ost
- 1 kop (1/2 pint) creme fraiche
- 1 (2,25-ounce) dåse skåret sorte oliven, drænet (1/2 kop)

## VEJLEDNING
a) Forvarm ovnen til 350 grader F. Beklæd en 9- x 13-tommers bageplade med madlavningsspray.
b) Kog lasagne nudler i henhold til pakkens vejledning; dræn og sæt til side. Spred 1 kop salsa på bunden af tilberedt bageform; sæt til side.
c) I en mellemstor stegepande, brun hakket oksekød over medium-høj varme omkring 10 minutter; dræn overskydende væske. Rør tacokrydderiblanding og 1 kop salsa i.
d) Skær hver nudel i halve, fordel hver halvdel med 2 spsk oksekødblanding, og rul sammen. Læg lasagnerullerne i et ovnfad. Hæld den resterende 1 kop salsa over rollups og drys toppen med ost. Dæk løst med aluminiumsfolie og bag i 22 til 25 minutter, eller indtil osten er smeltet.
e) Før servering hældes 1 spsk creme fraiche på hver rollup og drysses med skivede sorte oliven.

## 29. Slow Cooker Cheese Dip

Serverer: 4

**INGREDIENSER:**
- 1 lb. hakket oksekød
- ½ lb. krydret svinepølse
- 2 lb. Velveeta i terninger
- 2 (10 oz.) dåser hakkede tomater og peber
- Salt efter smag

**VEJLEDNING**

a) Kog oksekød og pølse i en stegepande ved middel varme i 10 minutter, eller indtil de er brune.
b) Tilsæt blandingen og de resterende ingredienser til slow cooker. Smag til med salt.
c) Luk komfuret og kog på HØJ i 4 timer eller LAV i 8 timer.
d) Åbn låget, rør godt og opvaskedip.
e) Nyd varm med veggie-pind, tortilla-strimler osv.

**PIZZA**

## 30. Oksekød og svampepizza

## INGREDIENSER

- Alsidigt mel til afstøvning af pizzaskallen eller nonstick-spray til smøring af pizzabakken
- 1 hjemmelavet dej
- 1 spsk usaltet smør
- 1 lille gult løg, hakket (ca. 1/2 kop)
- 5 ounces cremini eller hvide knapsvampe, i tynde skiver (ca. 11/2 kopper)
- 8 ounce (1/2 pund) magert hakket oksekød
- 2 spsk tør sherry, tør vermouth eller tør hvidvin
- 1 spsk hakket persilleblade
- 2 tsk Worcestershire sauce
- 1 tsk stilkede timianblade
- 1 tsk hakkede salvieblade
- 1/2 tsk salt
- 1/2 tsk friskkværnet sort peber
- 2 spsk bøfsauce på flaske
- 6 ounce Cheddar, strimlet

## VEJLEDNING

a) Frisk dej på en pizzasten. Støv en pizzaskal med mel og sæt dejen i midten. Form dejen til en stor cirkel ved at fordybe den med fingerspidserne.

b) Frisk dej på en pizzasten. Drys en pizzaskal med mel. Sæt dejen på den og brug fingerspidserne til at fordybe dejen til en stor cirkel. Tag dejen op ved kanten og vend den i dine hænder, indtil den er en cirkel på cirka 14 tommer i

diameter. Sæt den formede dej med meldrysset side nedad på skrællen.
c) Frisk dej på en pizzabakke. Smør enten med nonstick-spray. Læg dejen på pladen eller bagepladen, fordyb den med fingerspidserne - træk og tryk den derefter, indtil den danner en 14-tommer cirkel på pladen eller et uregelmæssigt 12 × 7-tommers rektangel på bagepladen.
d) En bagt skorpe. Læg den på en pizzaskræl, hvis du bruger en pizzasten - eller læg den bagte skorpe lige på en pizzabakke.
e) Smelt smørret i en stor stegepande ved middel varme. Tilsæt løgkogen, omrør ofte, indtil den er blød, cirka 2 minutter.
f) Tilsæt svampene. Fortsæt med at koge under omrøring af og til, indtil de er bløde, afgiver deres væske, og det fordamper til en glasur, cirka 5 minutter.
g) Smuldr oksekødkogen i, under omrøring lejlighedsvis, indtil den er godt brunet og gennemstegt, cirka 4 minutter.
h) Rør sherryen eller dens erstatning, persillen, Worcestershire sauce, timian, salvie, salt og peber. Fortsæt med at lave mad, under konstant omrøring, indtil stegepanden igen er tør. Stil til side af varmen.
i) Fordel bøfsaucen jævnt over skorpen, og efterlad en 1/2 tomme kant i kanten. Top med den revne cheddar, og hold kanten ren.
j) Ske og fordel hakkebøfsblandingen jævnt over osten. Skub derefter pizzaen fra skrællen til den varme sten - eller læg tærten på dens pizzabakke eller melplade enten i ovnen eller over den uopvarmede del af grillristen.

k) Bag eller grill med låget lukket, indtil osten er begyndt at boble, og skorpen er brun i kanten og noget fast at røre ved, 16 til 18 minutter. Sørg for at sprænge luftbobler, der opstår på frisk dej, især i kanten og især under de første 10 minutter af bagningen.
l) Skub skrællen tilbage under skorpen, pas på ikke at løsne toppingen, og stil derefter til side i 5 minutter - eller læg pizzaen på pizzabakken på en rist i samme tid, før den skæres i skiver og serveres. Fordi toppings er særligt tunge, er det måske ikke muligt
Fjern nemt pizzaen fra skrællen, pladen eller bagepladen, før den skæres i skiver.

## 31. Frikadelle pizza

## INGREDIENSER

- 1 hjemmelavet dej
- 8 ounce magert hakkekød
- 1/4 kop hakket persilleblade
- 2 spsk almindeligt tørret brødkrummer
- 1/2-ounce Asiago, Grana Padano, fint revet
- 2 tsk hakkede oreganoblade
- 1/2 tsk fennikelfrø
- 1/4 tsk salt
- 1/4 tsk friskkværnet sort peber
- 5 fed hvidløg, hakket
- 1 spsk olivenolie
- 1 lille gult løg, hakket
- 14-ounce dåse knuste tomater
- 1 tsk stilkede timianblade
- 1/4 tsk revet eller stødt muskatnød
- 1/4 tsk stødt nelliker
- 1/4 tsk rød peberflager
- 6 ounce' mozzarella, strimlet
- 2 ounce Parmigiana, barberet i tynde strimler

## VEJLEDNING

a) Frisk dej på en pizzasten. Drys en pizzaskal med mel, placer dejen i midten, og form dejen til en stor cirkel ved at fordybe den med fingerspidserne. Tag den op og form den ved at holde dens kant og rotere den, alt imens du strækker

den forsigtigt, indtil den er omkring 14 tommer i diameter. Stil den meldrysset nedad på skrællen.
b) Frisk dej på en pizzabakke. Dup lidt olivenolie på et køkkenrulle og smør bakken. Læg dejen i midten og fordyb dejen med fingerspidserne, indtil det er en fladtrykt cirkel – træk og tryk den derefter, indtil den danner en 14-tommer cirkel på pladen eller et uregelmæssigt 12 × 7-tommers rektangel på bagepladen.
c) Læg den på en meldrysset pizzaskræl, hvis du bruger en pizzasten - eller læg den bagte skorpe på en smurt pizzabakke.
d) Bland hakkebøffer, persille, brødkrummer, revet ost, oregano, fennikelfrø, 1/2 tsk salt, 1/2 tsk peber og 1 hakket fed hvidløg i en stor skål, indtil det er godt blandet. Form til 10 frikadeller, brug cirka 2 spsk af blandingen til hver enkelt.
e) Varm olivenolien op i en stor gryde ved middel varme. Tilsæt løget og de resterende 4 hakkede fed hvidløg kog under jævnlig omrøring, indtil det er blødt, cirka 3 minutter.
f) Rør de knuste tomater, timian, muskatnød, nelliker, røde peberflager, den resterende 1/4 tsk salt og den resterende 1/4 tsk peber i. Tilsæt frikadellerne og bring det i kog.
g) Reducer varmen til lav og lad det simre uden låg, indtil saucen er tyknet, og frikadellerne er gennemstegte, cirka 20 minutter. Afkøl ved stuetemperatur i 20 minutter.
h) Fordel den revne mozzarella over den tilberedte skorpe, og efterlad en 1/2-tommers kant i kanten. Fjern frikadellerne fra tomatsaucen og stil dem til side. Hæld og fordel tomatsaucen over osten, pas på at holde kanten intakt.

i) Skær hver frikadelle i halve og læg halvdelene med snitsiden nedad over hele tærten. Top med peberfrugt i tern og derefter den barberede Parmigiana. Skub pizzaen fra skrællen til den varme sten, eller læg pizzaen på dens plade eller bageplade enten i ovnen eller over den uopvarmede del af grillristen.
j) Bag eller grill med låget lukket, indtil saucen bobler, og skorpen er blevet gyldenbrun, 16 til 18 minutter. Skub skrællen tilbage under skorpen for at fjerne den fra varm sten eller overfør tærten på bakken til en rist. Afkøl i 5 minutter før udskæring.

## 32. Chicago stil pizza

## INGREDIENSER

- 1 kop pizzasauce
- 12 oz. Revet mozzarellaost
- 1/2 lb. Hakket oksekød, smuldret, kogt
- 1/4 lb. Italiensk pølse, smuldret, kogt
- 1/4 lb. Svinekødspølse, smuldret, kogt
- 1/2 kop Pepperoni, skåret i tern
- 1/2 kop canadisk bacon i tern
- 1/2 kop skinke i tern
- 1/4 lb. Svampe, skåret i skiver
- 1 lille løg, skåret i skiver
- 1 grøn peberfrugt, frøet, skåret i skiver
- 2 oz. Revet parmesanost

## VEJLEDNING

a) Til dejen, drys gær og sukker i varmt vand i en lille skål, lad det stå, indtil det er skummende, cirka 5 minutter.
b) Bland mel, majsmel, olie og salt i en stor skål lav en brønd i midten og tilsæt gærblanding. Rør til en blød dej, tilsæt mere mel, hvis det er nødvendigt. Vend på et meldrysset bord og ælt indtil dejen er smidig og elastisk, 7 til 10 minutter. Overfør til en stor skål, dæk til og lad hæve et lunt sted, indtil dejen er fordoblet, cirka 1 time. Slå ned.
c) Rul dejen til en 13-tommer cirkel. Overfør til en olieret 12-tommer pizzapande, fold det overskydende over for at lave en lille kant. Smør med pizzasauce og drys med alt på nær en håndfuld mozzarellaost. Drys med kød og grøntsager.

Top med resterende mozzarella og parmesanost. Lad hæve et lunt sted i cirka 25 minutter.

d) Forvarm ovnen til 475 grader. Bag pizzaen, indtil skorpen er gylden, cirka 25 minutter. Lad stå 5 minutter før udskæring.

## 33. Hollandsk ovnpizza

## INGREDIENSER

- 2 stk. halvmåne ruller
- 1 krukke pizzasauce
- 1 1/2 lb. hakket oksekød
- 8 oz revet cheddarost
- 8 oz revet mozzarellaost
- 4 oz pepperoni
- 2 tsk oregano
- 1 tsk hvidløgspulver
- 1 tsk løgpulver

## VEJLEDNING

a) Brun hakkebøf, afdryp. Foret hollandsk ovn med 1 stk. halvmåne ruller. Fordel pizzasauce på dejen.
b) Tilsæt hakkebøf, pepperoni, og drys oregano, hvidløgspulver og løgpulver ovenpå. Tilsæt oste og brug anden pk. halvmåneruller for at danne topskorpe.
c) Bages 30 minutter ved 350 grader. Andre såsom hakket grøn peber, hakket

## 34. Mexicansk pizza

## INGREDIENSER

- 1/2 lb. hakket oksekød
- 1/2 tsk salt
- 1/4 tsk tørret hakket løg
- 1/4 tsk paprika
- 1-1/2 tsk chilipulver
- 2 spsk vand
- 8 små (6-tommer diameter) mel tortillas
- 1 kop Crisco matfett eller madolie
- 1 (16 oz.) dåse refried bønner
- 1/3 kop hakket tomat
- 2/3 kop mild picante salsa
- 1 kop revet cheddarost
- 1 kop revet Monterey Jack ost
- 1/4 kop hakkede grønne løg
- 1/4 kop skiver sorte oliven

## VEJLEDNING

a) Kog hakkebøffen ved middel varme, indtil den er brun, og dræn derefter det overskydende fedt fra gryden. Tilsæt salt, løg, paprika, chilipulver og vand, og lad blandingen simre ved middel varme i cirka 10 minutter. Rør ofte.

b) Opvarm olie eller Crisco-fette i en stegepande over medium-høj varme. Hvis olien begynder at ryge, er den for varm. Når olien er varm, steges hver tortilla i cirka 30-45 sekunder på hver side og lægges til side på køkkenrulle.

c)  Når du steger hver tortilla, skal du sørge for at sprænge eventuelle bobler, der dannes, så tortillaen ligger fladt i olie. Tortillas skal blive gyldenbrune. Varm refried bønner op i en lille pande over komfuret eller i mikrobølgeovnen.
d)  Forvarm ovnen til 400F. Når kødet og tortillaerne er færdige, skal du stable hver pizza ved først at sprede omkring 1/3 kop refried bønner på forsiden af en tortilla. Spred derefter 1/4 til 1/3 kop kød, derefter en anden tortilla.
e)  Beklæd dine pizzaer med to spiseskefulde salsa på hver, del derefter tomaterne op og stable dem ovenpå. Del derefter ost, løg og oliven op i den nævnte rækkefølge.
f)  Sæt pizzaerne i din varme ovn i 8-12 minutter, eller indtil osten på toppen er smeltet. Laver 4 pizzaer.

## 35. Pepperoni Pizza Chili

## INGREDIENSER

- 2 pund hakket oksekød
- 1 pund Hot Italiensk Pølse Links
- 1 stort løg, hakket
- 1 stor grøn peberfrugt, hakket
- 4 fed hvidløg, hakket
- 1 krukke (16 ounce) salsa
- 1 dåse (16 ounce) varme chilibønner, udrænet
- 1 dåse (16 ounce) kidneybønner, skyllet og drænet
- 1 dåse (12 ounce) pizzasauce
- 1 pakke (8 ounce) skåret pepperoni, halveret
- 1 kop vand
- 2 tsk chilipulver
- 1/2 tsk salt
- 1/2 tsk peber
- 3 kopper (12 ounce) revet del skummet mozzarellaost

## VEJLEDNING

a) Tilbered oksekød, pølse, løg, grøn peber og hvidløg i en hollandsk ovn ved middel varme, indtil kødet ikke længere er lyserødt; afdryp.

b) Rør salsa, bønner, pizzasauce, pepperoni, vand, chilipulver, salt og peber i. Bring i kog. Reducer varmen; dæk til.

## 36. Pizzaburgere

## INGREDIENSER

- 1 lb. hakket oksekød
- 1/4 hakkede oliven
- 1 c cheddarost
- 1/2 t hvidløgspulver
- 18 oz. dåse tomatsauce
- 1 løg, i tern

## VEJLEDNING

a) Brun kød med hvidløg og løg.
b) Fjern fra varmen og rør tomatsauce og oliven i.
c) Læg i hotdog boller med ost.
d) Pak ind i folie og bag i 15 minutter ved 350 grader.

## 37. Torsdag aften Pizza

## INGREDIENSER

- 10 væske oz. varmt vand
- 3/4 tsk salt
- 3 spiseskefulde vegetabilsk olie
- 4 C. universalmel
- 2 tsk aktiv tørgær
- 1 (6 oz.) dåse tomatpure
- 3/4 kop vand
- 1 (1,25 oz.) pakke tacokrydderiblanding, delt
- 1 tsk chilipulver
- 1/2 tsk cayennepeber
- 1 (16 oz.) dåse fedtfri refried bønner
- 1/3 kop salsa
- 1/4 kop hakket løg
- 1/2 lb. hakket oksekød
- 4 C. revet cheddarost

## VEJLEDNING

a) Tilsæt vand, salt, olie, mel og gær i den af producenten anbefalede rækkefølge i brødmaskinen.
b) Vælg dejens cyklus.
c) Tjek dejen efter et par minutter.
d) Hvis det er for tørt og ikke blander langsomt, tilsæt vand 1 spsk ad gangen, indtil det blander sig og har en dejlig smidig dejkonsistens.
e) Imens blandes i en lille skål tomatpureen, 3/4 af pakken med tacokrydderiblanding, cayennepeber, chilipulver og vand.

f) I en anden skål blandes salsa, refried beans og løg sammen.
g) Varm en stor stegepande op og steg oksekødet, indtil det er helt brunt.
h) Dræn det overskydende fedt fra gryden.
i) Tilsæt den resterende 1/4 pakke tacokrydderi og en lille smule vand og lad det simre i et par minutter.
j) Fjern alt fra varmen.
k) Indstil din ovn til 400 grader F, før du fortsætter.
l) Når dejcyklussen er færdig, skal du fjerne dejen fra maskinen.
m) Del dejen i 2 portioner og kom i to 12-tommers pander.
n) Fordel et lag af bønneblandingen over hver dej, efterfulgt af et lag af tomatpastablandingen, oksekødsblandingen og cheddarosten.
o) Tilbered det hele i ovnen i cirka 10-15 minutter, vend halvvejs i bagetiden.

## 38. Hamburger Pizza

## INGREDIENSER

- 
- 
  8 hamburgerboller, delt
  1 lb. hakket oksekød
- 1/3 kop løg, hakket
- 1 (15 oz.) dåse pizzasauce
- 1/3 kop revet parmesanost
- 2 1/4 tsk italiensk krydderi
- 1 tsk hvidløgspulver
- 1/4 tsk løgpulver
- 1/8 tsk knuste røde peberflager
- 1 tsk paprika
- 2 C. revet mozzarellaost

## VEJLEDNING

a) Indstil ovnen til slagtekyllinger og anbring ovnstativet omkring 6 tommer fra varmeelementet.
b) Arranger bollehalvdelene i en bageplade med skorpen nedad og kog alt under grillen i ca. 1 minut.
c) Indstil nu ovnen til 350 grader F.
d) Varm en stor stegepande op på medium varme og steg oksekødet i cirka 10 minutter.
e) Dræn det overskydende fedt fra gryden.
f) Rør løget i og steg det hele i cirka 5 minutter.
g) Tilsæt det resterende undtagen mozzarellaosten og bring det i kog.
h) Lad det simre under omrøring af og til i 10-15 minutter.

i) Anret bollerne på en bageplade og top dem med oksekødsblandingen og mozzarellaost jævnt.
j) Bag alt i ovnen i cirka 10 minutter.

**39. Backroad Pizza**

## INGREDIENSER

- 1 lb. hakket oksekød
- 1 (10,75 oz.) dåse kondenseret fløde med svampesuppe, ufortyndet
- 1 (12 tommer) forbagt tynd pizzaskorpe
- 1 (8 oz.) pakke revet cheddarost

## VEJLEDNING

a) Indstil din ovn til 425 grader F, før du gør noget andet.
b) Varm en stor stegepande op på medium varme og steg oksekødet, indtil det er helt brunt.
c) Dræn det overskydende fedt fra gryden.
d) Læg cremen af svampesuppe jævnt over pizzaskorpen og top med det kogte oksekød, efterfulgt af osten.
e) Bag alt i ovnen i cirka 15 minutter.

## 40. Børnevenlige pizzaer

## INGREDIENSER

- 1 lb. hakket oksekød
- 
- 

   1 lb. frisk, stødt svinepølse
   1 løg, hakket
- 10 oz. smeltet amerikansk ost, i tern ● 32 oz. cocktailrugbrød

## VEJLEDNING

a)  Indstil din ovn til 350 grader F, før du gør noget andet.
b)  Varm en stor stegepande op og steg pølsen og oksekødet, indtil det er helt brunet.
c)  Tilsæt løget og steg det møre og dræn det overskydende fedt fra gryden.
d)  Rør smelteostmaden i og kog til osten er smeltet.
e)  Læg brødskiverne på en bageplade, og top hver skive med en dynge skefuld af oksekødsblandingen.
f)  Bag alt i ovnen i cirka 12-15 minutter.

## 41. Kærnemælkspizza

## INGREDIENSER

- 1 lb. hakket oksekød
- 
- 
    1/4 lb. pepperonipølse i skiver
    1 (14 oz.) dåse pizzasauce
- 2 (12 oz.) pakker nedkølet kærnemælk-kiksdej
- 1/2 løg, skåret i skiver og delt i ringe
- 1 (10 oz.) dåse skåret sorte oliven
- 1 (4,5 oz.) dåse champignon i skiver
- 1 1/2 kopper revet mozzarellaost ● 1 kop revet cheddarost

## VEJLEDNING

a) Indstil din ovn til 400 grader F, før du gør noget andet, og smør en 13x9-tommer bageplade.
b) Opvarm en stor stegepande på medium-høj varme og steg oksekødet, indtil det er helt brunt.
c) Tilsæt pepperoni og kog indtil brunet og dræn det overskydende fedt fra stegepanden.
d) Rør pizzasaucen i og fjern alt fra varmen.
e) Skær hver kiks i kvarte, og anbring dem i den tilberedte bageform.

f) Læg oksekødsblandingen jævnt over kiksene og top dem med løg, oliven og svampe.
g) Bag alt i ovnen i ca 20-25 minutter.

### 42. Worcestershire Pizza

## INGREDIENSER

- 
- 
- 
    1/2 lb. magert hakkebøf
    1/2 kop pepperoni i tern
    1 1/4 kopper pizzasauce
- 1 kop smuldret fetaost
- 1/2 tsk Worcestershire sauce
- 1/2 tsk varm pebersauce
- salt og kværnet sort peber efter smag
- madlavningsspray
- 1 (10 oz.) dåse nedkølet kiksdej
- 1 æggeblomme
- 1 kop revet mozzarellaost

## VEJLEDNING

a) Indstil din ovn til 375 grader F, før du gør noget andet, og smør en bageplade.
b) Opvarm en stor stegepande på medium-høj varme og steg oksekødet, indtil det er helt brunt.
c) Dræn det overskydende fedt fra gryden og reducer varmen til medium.
d) Rør pizzasauce, pepperoni, feta, hot pepper sauce, Worcestershire sauce, salt og peber i og steg i ca. 1 minut.
e) Adskil kiksene og anbring dem på tilberedt bageplade med en afstand på ca. 3 tommer.

f) Med bunden af et glas, tryk hver kiks for at danne en 4 tommer rund kiks med 1/2-tommer kant rundt om den udvendige kant.
g) Tilsæt æggeblomme og 1/4 tsk af vandet i en lille skål og pisk godt.
h) Placer omkring 1/4 kop af oksekødblandingen i hver kiksekop og top med mozzarellaosten.
i) Bag alt i ovnen i ca 15-20 minutter.

## 43. Pizza Rigatoni

## INGREDIENSER

- 1 1/2 lb. hakket oksekød
- 1 (8 oz.) pakke rigatoni pasta
- 1 (16 oz.) pakke revet mozzarellaost
- 1 (10,75 oz.) dåse kondenseret fløde med tomatsuppe
- 2 (14 oz.) glas pizzasauce
- 1 (8 oz.) pakke skåret pepperonipølse

## VEJLEDNING

a) I en stor gryde med letsaltet kogende vand koges pastaen i cirka 8-10 minutter.
b) Dræn godt af og hold til side.
c) I mellemtiden opvarmer du en stor stegepande på medium-høj varme og koger oksekødet, indtil det er helt brunt.
d) Dræn det overskydende fedt fra gryden.
e) Læg oksekødet i en slow cooker efterfulgt af pasta, ost, suppe, sauce og pepperonipølse.
f) Sæt slowcookeren på Low og kog tildækket i ca. 4 timer.

## 44. Pizza i mexicansk stil

## INGREDIENSER

- 1 lb. hakket oksekød
- 1 løg, hakket
- 2 mellemstore tomater, hakkede
- 1/2 tsk salt og 1/4 tsk peber
- 2 tsk chilipulver og 1 spsk stødt spidskommen
- 1 (30 oz.) dåse refried bønner
- 14 (12 tommer) mel tortillas
- 2 C. creme fraiche
- 1 1/4 lb. revet Colby ost
- 1 1/2 lb. revet Monterey Jack ost
- 2 røde peberfrugter, kernet og skåret i tynde skiver
- 4 grønne peberfrugter, kernet og skåret i tynde skiver
- 1 (7 oz.) dåse grøn chili i tern, drænet og 3 tomater, hakket
- 1 1/2 kop strimlet kogt kyllingekød
- 1/4 kop smør, smeltet
- 1 (16 oz.) krukke picante sauce

## VEJLEDNING

a) Indstil din ovn til 350 grader F, før du gør noget andet, og smør en 15x10-tommer jellyroll-pande.
b) Varm en stor stegepande op på medium varme og steg oksekødet, indtil det er helt brunt.
c) Dræn det overskydende fedt fra gryden.
d) Tilsæt løg og 2 tomater og kog indtil de er møre.

e) Rør refried beans, chilipulver, spidskommen, salt og peber i, og kog indtil de er helt opvarmede.
f) Arranger 6 af tortillaerne på den forberedte pande med kanterne godt over siderne af panden.
g) Fordel bønnerblandingen jævnt over tortillaerne, efterfulgt af halvdelen af cremefraiche, 1/3 af Colby-osten, 1/3 af Monterey Jack-osten, 1 spiseskefuld af de grønne chilier, 1/3 af de grønne peberstrimler, og 1/3 af de røde peberstrimler og 1/3 af den hakkede tomat.
h) Læg 4 tortillas over toppings, og top med den resterende creme fraiche, efterfulgt af strimlet kylling, 1/3 af både oste, rød og grøn peberfrugt, chili og tomater.
i) Placer nu 4 tortillas, efterfulgt af de resterende oste, peberfrugt, tomater, chili, og slut med noget af den revne ost på toppen.
j) Fold de overhængende kanter indad, og fastgør med tandstikkerne.
k) Pensl tortillaoverfladerne med det smeltede smør.
l) Bag alt i ovnen i ca 35-45 minutter.
m) Fjern tandstikkerne og stil dem til side i mindst 5 minutter, før de skæres i skiver.
n) Server med en topping af picantesaucen.

## FRIKKADELLER

## 45. Femten minutters frikadeller

Udbytte: 15 frikadeller
Tilberedningstid: 15 minutter

## INGREDIENSER

- 1 pund hakket oksekød
- 3/4 kop tørre brødkrummer
- 1/2 kop vand
- 1/4 kop grofthakket frisk persille
- 1 æg
- 1-1/2 tsk hvidløgspulver
- 1 tsk salt
- 1 tsk sort peber
- 1 krukke (28 ounce) spaghetti sauce • 1/3 kop revet parmesanost
- 1 kop (4 ounce) revet mozzarellaost (valgfrit)

## VEJLEDNING

a) I en stor skål kombineres hakket oksekød, brødkrummer, vand, persille, æg, hvidløgspulver, salt og peber; bland godt.

b) Form blandingen til 15 frikadeller og læg dem i et 9- x 13-tommers bagefad, der tåler mikrobølgeovn.

c) I en mellemstor skål kombineres spaghetti sauce og parmesanost; hældes over frikadellerne.

d) Dæk med plastfolie og mikroovn ved 70% effekt i 12 minutter, eller indtil frikadellerne er helt gennemstegte.

e) Fjern plastfolien og drys eventuelt med mozzarellaosten. Mikrobølgeovn ved 70% effekt i yderligere 1 til 1-1/2 minut, eller indtil osten er smeltet.

## 46. Frikadeller i tomatsauce

Serverer: 4

## INGREDIENSER:
- 2 spsk olivenolie
- 8 oz. hakket oksekød
- 1 kop (2 oz.) friske hvide brødkrummer
- 2 spsk revet manchego eller parmesanost
- 1 spsk tomatpure
- 3 fed hvidløg, hakket fint
- 2 spidskål, hakket fint
- 2 tsk hakket frisk timian
- 1/2 tsk gurkemeje
- Salt og peber efter smag
- 2 kopper (16 oz.) dåse blommetomater, hakket
- 2 spsk rødvin
- 2 tsk hakkede friske basilikumblade
- 2 tsk hakket frisk rosmarin

## RETNINGSLINJER:
a) Kombiner oksekød, rasp, ost, tomatpure, hvidløg, spidskål, æg, timian, gurkemeje, salt og peber i en røreskål.
b) Form blandingen til 12 til 15 faste kugler med dine hænder.
c) I en stegepande opvarmes olivenolien over medium-høj varme. Kog i flere minutter, eller indtil frikadellerne er brune på alle sider.

d) Kombiner tomater, vin, basilikum og rosmarin i en stor skål. Kog under omrøring af og til i cirka 20 minutter, eller indtil frikadellerne er færdige.
e) Salt og peber generøst, og server derefter med blancheret rapini, spaghetti eller brød.

## 47. Frikadeller spyd

GØR: 6 spyd
SAMLET TID: 12 minutter

INGREDIENSER
TIL FRIKADDELLENE:
- 1 lb. hakket oksekød
- 1 æg
- 1/4 kop mandelmel
- 1 tsk hakket ingefær
- 1/2 tsk sesamolie
- 1 1/2 spsk glutenfri sojasovs
- 1/4 kop spidskål, hakket **TIL SAVSEN:**
- 1 spsk glutenfri sojasovs
- 2 spsk smør, smeltet
- 1 tsk sesamolie • 1/4 tsk hvidløgspulver • Til spyddene:
- 1 lille zucchini, skåret på langs i 1-tommers skiver • 1/2 lille rødløg, skåret i 1-tommers stykker.
- 6 mellemstore cremini-svampe, skåret i halve

VEJLEDNING
TIL FRIKADDELLENE:
a) Kombiner alle frikadelleingredienserne i en mellemskål og vend godt rundt. Lav omkring 18 frikadeller ud af blandingen.
b) Steg frikadellerne i et minut eller to på hver side i en opvarmet nonstick-pande, indtil de er hårde nok til at stikke.

c) I en lille røreskål piskes alle ingredienserne til saucen sammen til en jævn masse.

**TIL SKYDDENE:**

d) Placer tre frikadeller, to halvdele af svampe, et par løgdele og to squashsegmenter på hver af seks lange spyd.
e) Pensl alle sider af spyddene grundigt med saucen.
f) Grill i cirka 2 minutter på hver side ved høj varme, eller indtil grøntsagerne er kogte og frikadellerne er helt færdige.

## 48. Hjertelig spaghetti & frikadeller

## INGREDIENSER

- 1 løg, hakket
- 2 fed hvidløg, knust
- 2 spsk grofthakkede friske persilleblade
- 1 kop mandelmælk
- 2 lb. hakket oksekød
- 2 store æg
- 1/2 kop revet Parmigiana ost
- salt og sort peber
- 2 kopper hjemmelavet spaghetti sauce
- 1 lb. spaghetti

## VEJLEDNING

a) Varm 3 spsk olie i en stegepande over medium varme. Tilsæt løg, hvidløg og persille og kog indtil grøntsagerne er bløde, men stadig gennemsigtige ca. 10 minutter. Tillad afkøling.

b) Hæld nok mælk i en skål.

c) Tilsæt æg, ost, salt og peber. Kombiner alt godt.

d) Tilsæt hakkebøf og rør for at kombinere. Pas på ikke at overanstrenge frikadellerne – ellers bliver de seje.

e) Fordel blandingen i 10 meget store frikadeller.

f) Varm 3 spsk olie op i en pande og brun på alle sider. Tilsæt sauce og lad det simre i 30 minutter.

## 49. Cheesy Frikadeller

portioner: 3 (4 frikadeller)

## INGREDIENSER:

- 1-ounce flæskesvær
- 1-pund græsfodret hakket oksekød
- ½ tsk pink havsalt
- 1 ½ ounce revet italiensk osteblanding
- 1 stort græsæg
- ½ spsk spæk

## RETNINGSLINJER :

a) Forbered en bageplade ved at beklæde den med bagepapir. Forvarm din ovn til 350 ° F.
b) Kom oksekød, flæskesvær, salt, æg, ost og spæk i en skål. Lav 12 lige store portioner af blandingen og form til kugler. Læg kuglerne på en bageplade.
c) Bag frikadellerne i cirka 20-30 minutter. Vend kuglerne rundt efter cirka 10-12 minutters bagning. Når frikadellerne er tilberedt godt, skal den indre temperatur i midten af frikadellen være 165° F.
d) Du kan tilberede frikadellerne i en airfryer, hvis du ejer en. Vend kuglerne rundt et par gange, mens de tilberedes i airfryeren.
e) Tag frikadellerne af panden og server.

## 50. Frikadeller & spaghetti sauce

1 kop kødboller
¼ tsk salt
¼ teskefuld Kværnet sort peber
½ kop revet parmesanost
- 1 pund magert hakkekød
- 1 spsk olivenolie
- 2 hakkede løg
- 4 knuste fed hvidløg el
- 2 hakket hvidløg
- 14 ounce dåse tomatsauce
- ½ kop rødvin (valgfrit)
- 1 Sød grøn peber
- 1 tsk tørret bladbasilikum
- ½ tsk bladoregano

**RETNINGSLINJER:**

a) Form kød til 1 tommer frikadeller. Tilføj til madlavning spaghetti sauce.
b) Varm olie op i en stor gryde sat over medium varme. Tilsæt løg og hvidløg. sauter i 2 minutter. Tilføj resterende Ingredienser. Dæk til og bring i kog, mens der røres ofte.

INGREDIENSER
- 
- 
- 
- 

c) Reducer derefter varmen og lad det simre under jævnlig omrøring i mindst 15 minutter.


51. **Frikadeller med nudler i yoghurt**

2 pund hakket oksekød
Knip cayennepeber, gurkemeje, koriander og kanel
Salt & sort peber
2 fed hvidløg
- 1 spsk vegetabilsk olie
- 1 spansk løg
- 6 modne blommetomater - kerne,
- 4 soltørrede tomater • Nudler

**RETNINGSLINJER:**

a) I en skål kombineres oksekød, kanel, koriander, gurkemeje, cayennepeber, salt, peber og halvdelen af hvidløget.
b) Bland grundigt med rene hænder, og form derefter kødet til ¾-tommer frikadeller. Stil dem til side.
c) I en stor gryde varmes olien op, løget tilsættes og frikadellerne tilsættes. Kog, vend dem ofte.
d) Tilsæt blommetomater og resterende hvidløg. Tilsæt de soltørrede tomater, salt og peber, og kog blandingen i 5 minutter ved svag varme under omrøring en eller to gange.
e) Til nudlerne: Bring en stor gryde med vand i kog. Tilsæt nudlerne og kog.
f) Rør yoghurt, hvidløg og salt i. Vend grundigt og overfør til 6 brede skåle.

INGREDIENSER
- 
- 
- 
- 

## 52. Stracciatelle med frikadeller

1 liter kyllingebouillon
2 kopper vand
½ kop Pastina
1 tsk frisk persille, hakket
- ½ pund magert hakkekød
- 1 æg
- 2 tsk. Brødkrummer med smag
- 1 tsk revet ost
- 1 gulerod, skåret i tynde skiver
- ½ pund spinat, bare den grønne
- Del julienned
- 2 tsk frisk persille, hakket
- 1 lille løg, hakket
- 2 æg
- Revet ost

## RETNINGSLINJER:

a) I en suppegryde kombineres suppens ingredienser og koges lavt. Bland kødingredienser i en skål, mange små frikadeller og kom i kogende bouillonblanding.

INGREDIENSER
- 
- 
- 
- 

b) Pisk 2 æg i en lille skål. Rør suppen med en træske, mens du langsomt falder i æggene, under konstant omrøring. Fjern fra varmen. Dæk til og lad det stå i 2 minutter.
c) Server med revet ost.

**53. Frikadeller og raviolisuppe**

1 spsk Olivenolie eller salatolie
1 stort løg; fint hakket
1 fed hvidløg; hakket
28 ounce dåsetomater; hakket
- ¼ kop tomatpure
- 13¾ ounce oksebouillon
- ½ kop tør rødvin
- Knip tørret basilikum, timian og oregano
- 12 ounce Ravioli; ost fyldt
- ¼ kop persille; hakket
- Parmesan ost; revet
- 1 æg
- ¼ kop bløde brødkrummer
- ¾ tsk Løgsalt
- 1 fed hvidløg; hakket
- 1 pund magert hakkebøf

## RETNINGSLINJER:
a) Brun frikadeller forsigtigt i opvarmet olie.
b) Bland løg og hvidløg i og steg ca. 5 minutter, pas på ikke at knække frikadeller. Tilsæt tomater og deres væske, tomatpasta, bouillon, vin, vand, sukker, basilikum, timian og oregano.

INGREDIENSER
- 
- 
- 
- 

c) Tilsæt ravioli

## 54. Bulgarsk frikadellesuppe

Udbytte: 8 portioner

## INGREDIENSER
- 1 pund hakket oksekød
- 6 spsk ris
- 1 tsk paprika
- 1 tsk tørret krydret
- Salt peber
- Mel
- 6 kopper vand
- 2 oksebouillonterninger
- ½ bundt grønne løg; skåret i skiver
- 1 grøn peberfrugt; hakket
- 2 gulerødder; skrællet, skåret i tynde skiver
- 3 tomater; skrællet & hakket
- 1 Sm. gule chili, delt
- ½ bundt persille; hakket
- 1 æg
- 1 citron (kun juice)

## RETNINGSLINJER:
a) Kombiner oksekød, ris, paprika og krydret. Smag til med salt og peber. Bland let, men grundigt. Form til 1-tommers kugler.

INGREDIENSER
- 
- 
- 
- 

b) Kom vand, bouillonterninger, 1 spsk salt, 1 tsk peber, grønne løg, grøn peber, gulerødder og tomater i en stor kedel.
c) Læg låg på, bring det i kog, reducer varmen og lad det simre i 30 minutter.

55. <u>Frikadeller og frankfurtere</u>

- 1 pund hakket oksekød
- 1 æg, let pisket
- ¼ kop brødkrummer, tørre
- 1 mellemstor løg, revet
- 1 spsk Salt
- ¾ kop chilisauce
- ¼ kop druegelé
- 2 spsk citronsaft
- 1 kop Frankfurters

**RETNINGSLINJER:**

a) Bland oksekød, æg, krymmel, løg og salt. Form til små kugler. Kom chilisauce, vindruegele, citronsaft og vand i en stor stegepande.

b) Varme; tilsæt frikadeller og lad det simre, indtil kødet er stegt igennem.

c) Lige inden servering tilsættes franks og varmes igennem.

INGREDIENSER
- 
- 
- 
- 

### 56. Manhattan frikadeller

2 pund magert hakkebøf

2 kopper bløde brødkrummer

½ kop hakket løg

2 æg

- 2 spsk hakket frisk persille
- 1 tsk salt
- 2 spsk margarine
- 1 krukke; (10 oz.) Kraft abrikoskonserves
- ½ kop Kraft Barbecue Sauce **BRUGSANVISNING:**

a) Bland kød, krummer, løg, æg, persille og salt. Form til 1-tommer frikadeller.
b) Forvarm ovnen til 350 grader. Brun frikadeller i margarine i en stor stegepande ved middel varme; dræne. Placer i en 13 x 9-tommers bageform.
c) Rør konserves og barbecuesauce sammen; hældes over frikadeller. Bages i 30 minutter, under omrøring af og til.

INGREDIENSER
- 
- 
- 
- 

## 57. Vietnamesiske frikadeller

1½ pund magert hakkekød
1 fed hvidløg, knust
1 Æggehvide
1 spsk Sherry
- 2 spsk sojasauce ● ½ tsk flydende røg
- 2 spsk fiskesauce
- 1 knivspids sukker
- 1 Salt og hvid peber
- 2 spsk majsstivelse
- 1 spsk sesamolie **BRUGSANVISNING:**
a) Blend blandingen med en mixer eller foodprocessor, indtil den er meget glat.
b) Form små frikadeller på spyd (ca. seks frikadeller pr. spyd).
c) Steg til perfektion.

### 58. Svenske frikadeller forretter

**INGREDIENSER**
- 
- 
- 
-

2 spsk madolie

1 pund hakket oksekød

1 æg

1 kop bløde brødkrummer

- 1 tsk brun farin
- ½ tsk salt
- ¼ teskefuld peber
- ¼ teskefuld ingefær
- ¼ teskefuld Kværnet nelliker
- ¼ tsk Muskatnød
- ¼ teskefuld kanel
- ⅔ kop mælk
- 1 kop creme fraiche
- ½ tsk salt **BRUGSANVISNING:**

a) Varm madolie op i en stegepande. Bland alt det resterende sammen

   Ingredienser, undtagen creme fraiche og ½ tsk salt.

b) Form til kødboller på størrelse med forret (ca. 1 cm i diameter). Brun i madolie på alle sider, indtil de er gennemstegte.

c) Fjern fra panden, og afdryp på køkkenrulle. Hæld overskydende fedt fra og afkøl panden lidt. Tilsæt en lille mængde creme fraiche for at slå bruningen og rør rundt. Tilsæt derefter den resterende creme fraiche og ½ tsk salt under omrøring for at blande.

INGREDIENSER
- 
- 
- 
- 

59. <u>Afghansk kofta</u>

- 1 løg finthakket
- 1 grøn peber finthakket
- 1 lb. hakket oksekød
- 1 tsk Fed hvidløg finthakket
- ½ tsk Kværnet korianderfrø
- Salt og peber efter smag **BRUGSANVISNING:**

a) Ælt oksekød, løg, peber, hvidløg og salt og peber sammen.
b) Lad stå i 30 minutter for at blande smag. Form til 16 ovale kugler.
c) Snor 4 på spyd skiftevis med en løgkvart, grøn peberkvart og cherrytomat på hvert spyd. Grill ca. 5 minutter, indtil de er brune, vend og grill den anden side.

INGREDIENSER
- 
- 
- 
- 

60. <u>**Skotske frikadeller**</u>

1 pund magert hakkebøf
1 æg, let pisket
3 spiseskefulde Mel
¼ tsk Friskkværnet sort peber
- 3 spsk hakket løg
- 3 spsk vegetabilsk olie
- ⅓ kop kyllingebouillon
- 1 8-oounce dåse knust ananas, drænet
- 1½ spsk majsstivelse
- 3 spsk sojasovs
- 3 spsk almindelig rødvinseddike
- 2 spsk vand
- ¼ kop skotsk whisky
- ⅓ kop kyllingebouillon ● ½ kop grøn peber i tern

**BRUGSANVISNING:**

a) Kombiner de første seks ingredienser. Form forsigtigt til kugler på ca. 1 tomme i diameter.
b) Brun det hele i olie i en 10-tommers stegepande.
c) Imens laver du følgende skotske sauce.
d) Tilsæt frikadeller og grøn peber. Kog forsigtigt i cirka 10 minutter mere. Server med ris.

INGREDIENSER
- 
- 
- 
- 

61. <u>Hawaii frikadeller</u>

2 pund hakket oksekød
⅔ kop Graham cracker krummer
⅓ kop hakket løg
¼ teskefuld ingefær
- 1 tsk salt
- 1 æg
- ¼ kop mælk
- 2 spsk majsstivelse
- ½ kop brun farin
- ⅓ kop eddike
- 1 spsk sojasovs
- ⅓ kop Hakket grøn peber • 13½ ounce dåse knust ananas

**BRUGSANVISNING:**

a) Bland hakket oksekød, kikskrummer, løg, ingefær, salt, æg og mælk og lav dem til 1 tomme kugler. Brun og læg i et ovnfast fad.

b) Bland majsstivelse, brun farin, eddike, sojasovs og grøn peber. Kog over medium varme, indtil det er tyknet. Tilsæt knust ananas plus juice.

c) Varm op og hæld over frikadeller. Varm grundigt op og server.

INGREDIENSER
- 
- 
- 
- 

## 62. Russiske frikadeller

1 pund hakket oksekød
1 pund hakket kalvekød
½ kop hakket løg
¼ kop udsmeltet nyrefedt
- 2 skiver Pause, udblødt i mælk, presset tør
- 2 tsk salt
- Jord peber
- Fine brødkrummer
- Smør eller oksekødfedt
- 2 kopper creme fraiche
- ½ pund Svampe i skiver, sauterede **BRUGSANVISNING:**

a) Kog løg i afsmeltet nyrefedt, indtil det er visnet. Bland oksekød, kalvekød, løg, brød, salt og lidt peber. Ælt godt og afkøl.

b) Våd hænder og form blandingen til kugler på størrelse med guldkugler. Rul i krummer og steg i smør eller oksefedt, til det er brunt over det hele. Fjern og hold varmt.

c) Tilsæt cremefraiche og svampe i gryden. Varme. Hæld sauce over kødet.

INGREDIENSER
- 
- 
- 
- 

63. <u>**Middelhavsfrikadeller**</u>

1 pund hakket oksekød, smuldret
3 spsk Ukrydrede tørre brødkrummer
1 stort æg
1 tsk Tørrede persilleflager
- 2 spsk Margarine
- ¼ teskefuld hvidløgspulver
- ½ tsk Tørrede mynteblade, knust
- ¼ tsk Tørrede rosmarinblade, knust
- ¼ teskefuld peber
- 1 tsk Tørrede persilleflager

## RETNINGSLINJER:
a) Kombiner alle frikadellens ingredienser i en mellemstor skål. Form blandingen til 12 frikadeller.
b) Læg margarine, hvidløgspulver og parley i en 1-kop.
c) Mikrobølgeovn ved høj i 45 sekunder til 1 minut, eller indtil smør smelter.
d) Dyp frikadeller i margarineblandingen til dækning og læg dem på en rist.
e) Mikrobølgeovn ved høj i 15 til 18 minutter, eller indtil frikadeller er faste og ikke længere lyserøde i midten, roter stativet og omarranger frikadeller to gange i løbet af tilberedningstiden. Server eventuelt med varme kogte ris eller couscous.

INGREDIENSER
- 
- 
- 
- 

64. <u>Græske frikadeller</u>

1½ pund Hakket rund bøf
2 æg; let slået
½ kop brødkrummer; fin, blød
2 medium løg; fint hakket
- 2 spsk Persille; frisk, hakket
- 1 spiseskefuld mynte; frisk, hakket
- ¼ teskefuld kanel
- ¼ teskefuld Allehånde
- Salt og friskkværnet peber
- Afkortning til stegning

**RETNINGSLINJER:**
a) Bland alle ingredienserne undtagen fedtstoffet og bland grundigt.
b) Stil på køl i flere timer. Form til små kugler og steg i den smeltede fedtstof. Serveres varm.

INGREDIENSER
- 
- 
- 
- 

### 65. <u>Nemme svenske frikadeller</u>

2 pund hakket oksekød
1 Løg, revet ½ kop
Brødkrummer dash
Salt, peber
- 1 tsk Worcestershire sauce
- 2 æg, pisket
- 4 spsk Smør
- 2 kopper Stock eller consomme
- 4 spiseskefulde Mel
- ¼ kop sherry

**RETNINGSLINJER:**

a) Bland de første seks ingredienser, form til små kugler. Brun i smør.
b) Tilsæt bouillon, læg låg på panden og lad det simre i 15 minutter. Fjern frikadellerne, hold dem varme.
c) Tjek sovsen med melet blandet med lidt koldt vand. Kog 5 minutter, tilsæt sherry. Genopvarm frikadeller i sovs.

INGREDIENSER
- 
- 
- 
- 

66. <u>Ghana frikadellegryderet</u>

2 pund hakket oksekød
1 tsk citronsaft
1 stort æg; Lidt slået
1 kop løg; Fint hakket
- 1 tsk salt, 1 tsk sort peber
- 1 streg hvidløgspulver
- 1 tsk stødt muskatnød
- 1½ spiseskefuld universalmel
- ½ kop madolie
- 1 mellemstor løg; Skåret i skiver
- 1 kop tomatsauce
- 1 mellemstor tomat; Skrællet og skåret i skiver
- 1 grøn peber; Skiver **RETNING:**

a) I en stor røreskål kombineres hakket oksekød med mørner, citronsaft, æg, løg, salt, valg af peber, hvidløg og muskatnød.
b) Form omkring et dusin spiseskefulde kugler af det krydrede oksekød.
c) Imens opvarmes olie i en stor stegepande over middel varme. Brun alle sider af frikadeller jævnt, mens du bruger en metalske til at vende.
d) For at tilberede sovs returneres den resterende madolie til en stor, ren stegepande og brun alt resterende mel. Tilsæt løg, tomatsauce, tomat i skiver og grøn peber.
e) Tilsæt reserverede brunede frikadeller, læg låg på og reducer varmen til et simre.

INGREDIENSER
- 
- 
- 
- 

## 67. Kantonesiske frikadeller

1 pund hakket oksekød
¼ kop hakket løg
1 tsk salt
1 tsk peber
- ½ kop mælk
- ¼ kop sukker
- 1½ spsk majsstivelse
- 1 kop ananasjuice
- ¼ kop eddike
- 1 tsk sojasovs
- 1 spsk Smør
- 1 kop Selleri i skiver
- ½ kop hakket peber
- ½ kop Snitte mandler, sauterede **BRUGSANVISNING:**

a) Form 20 små frikadeller af kombineret oksekød, løg, salt, peber og mælk.
b) Kombiner sukker og majsstivelse; bland væske i og tilsæt smør.
c) Kog ved lav varme, indtil det er klart, under konstant omrøring.
d) Tilsæt grøntsager og varm forsigtigt i 5 minutter.
e) Læg frikadeller på en bund af kogte ris, top med sauce og drys med mandler.

INGREDIENSER
- 
- 
- 
- 

68. <u>Festlige cocktailfrikadeller</u>

- 1½ pund hakket oksekød
- 1 kop MINUTE ris
- 1 dåse (8 oz) stødt ananas i juice
- ½ kop gulerod [finstrimlet]
- ½ kop løg [hakket]
- 1 æg [pisket]
- 1 tsk ingefær [malet]
- 8 ounce fransk dressing
- 2 spsk sojasovs

**RETNINGSLINJER:**

a) Bland alle ingredienserne undtagen de sidste 2 sammen i en skål, og form dem derefter til 1" frikadeller.
b) Læg dem på en smurt bageplade og bag i en forvarmet ovn.
c) Bland sojasovsen og dressingen sammen.
d) Server frikadellerne lune med dressingen.

INGREDIENSER
- 
- 
- 
- 

69. <u>Tranebærcocktailfrikadeller</u>

2 pund Chuck, jorden
2 æg
⅓ kop Catsup
2 spsk sojasovs
- ¼ teskefuld peber
- 12 ounce chilisauce
- 1 spsk citronsaft
- 1 kop cornflakes, krummer
- ⅓ kop Persille, frisk, hakket
- 2 spsk Løg, grønt og hakket
- 1 stk hvidløgsfed, presset
- 16 ounce tranebærsauce
- 1 spsk brun farin **BRUGSANVISNING:**

a) Kombiner de første 9 ingredienser i en stor skål; rør grundigt. Form kødblandingen til 1-tommers kugler.
b) Placer i en usmurt 15x10x1 jellyroll-pande. Bages uden låg ved 500F i 8-10 minutter.
c) Dræn frikadellerne og overfør dem til et gnidningsfad, og hold dem varme.
d) Kombiner tranebærsauce med de resterende ingredienser i en gryde. Kog over medium varme indtil boblende, omrør lejlighedsvis; hældes over frikadeller. Serveres varm.

INGREDIENSER
- 
- 
- 
- 

70. <u>Vinfrikadeller</u>

1½ pund Chuck, malet
¼ kop brødkrummer, krydret
1 medium løg; hakket
2 teskefulde Peberrod, tilberedt
- 2 fed hvidløg; knust
- ¾ kop tomatjuice
- 2 tsk salt
- ¼ teskefuld peber
- 2 spsk Margarine
- 1 mellemstor løg; hakket
- 2 spsk Mel, til alle formål
- 1½ kop oksebouillon
- ½ kop vin, tør rød
- 2 spsk sukker, brunt
- 2 spsk Catsup
- 1 spsk citronsaft
- 3 Gingernaps; smuldret **BRUGSANVISNING:**

a) Kombiner de første 8 ingredienser, bland godt. Form til 1" kugler; læg i en 13x9x2" bradepande. Bages ved 450 grader i 20 minutter. Tag ud af ovnen, og hæld overskydende fedt fra.

b) Varm margarine i en stor stegepande; sauter løg indtil de er møre.
Bland i mel; tilsæt gradvist oksebouillon under konstant omrøring. Tilsæt de resterende ingredienser.

INGREDIENSER
- 
- 
- 
- 

c) Kog over lav varme 15 minutter; tilsæt frikadeller, og lad det simre i 5 minutter.

## 71. Chuletas

2 pund hakket oksekød
2 kopper Persillekviste; Hakket
3 gule løg; Hakket
2 æg; lidt slået
- 1 spsk Salt
- ½ kop parmesanost; Frisk revet
- ½ tsk Tabasco sauce
- 1 tsk sort peber
- 3 kopper Tørt brødkrummer ● Olivenolie

**RETNINGSLINJER:**

a) Bland alle ingredienser undtagen krummer. Form til små kugler i cocktailstørrelse.

b) Rul kugler i brødkrummer. Køl godt af. Sauter i olivenolie tre til fire minutter. Overfør til et gnavende fad. Server med din yndlingssalsa som dipsauce. Gør cirka 15 pr. pund hakket oksekød.

INGREDIENSER
- 
- 
- 
- 

72. <u>Glidende ret festfrikadeller</u>

- 1 pund hakket oksekød
- ½ kop fine tørre brødkrummer
- ⅓ kop Løg; hakket
- ¼ kop mælk
- 1 æg; slået
- 1 spsk Frisk persille; hakket
- 1 tsk salt
- ½ tsk sort peber
- 1 spsk Worcestershire sauce
- ¼ kop vegetabilsk afkortning
- 1 12 oz flaske chilisauce
- 1 10 oz krukke druegelé

**RETNINGSLINJER:**

a) Form dem til 1" frikadeller. Kog dem i en elektrisk stegepande i varm bagemad ved middel varme i 10-15 minutter, eller indtil de er brune. Afdryp på køkkenrulle.

b) Kombiner chilisauce og druegelé i en mellemstor gryde (eller samme elektriske stegepande); rør grundigt. Tilsæt frikadeller og lad det simre ved lav temperatur i 30 minutter under omrøring af og til.

c) Server med tandstikker ud af et gnavende fad for at holde varmen

INGREDIENSER
- 
- 
- 
- 

## 73. Varme frikadeller sandwich

26 ounce Spaghetti sauce; delt op

½ kop frisk brødkrummer

1 lille løg; fint hakket

¼ kop revet parmesanost eller romano ost

- 1 æg
- 1 tsk Tørrede persilleflager
- 1 tsk hvidløgspulver
- 1 pund hakket oksekød ● 4 italienske sandwichruller

**RETNINGSLINJER:**

en) Kombiner alt.

INGREDIENSER
- 
- 
- 
- 

74. Frikadeller-aubergine-subs

1 pund magert hakkekød
14 ounce Basilikum Krydret Spaghetti Sauce; 1 krukke
1 mellemstor aubergine
4½ spsk olivenolie; Delt op
- 1 mellemstor rødløg
- ¼ pund svampe
- 4 baguetter; 6-8 tommer lang ● 4 ounces Provolone ost; 4 skiver **BRUGSANVISNING:**

a) Skær auberginen i ½ til ¾ tommer bøffer og læg dem på en tallerken, drys med salt og lad afdryppe i 30 minutter.
b) Form hakkebøffen til tolv 1½-tommers kødboller. Kog dem i en gryde ved lav varme, drej dem ofte for at brune jævnt og forhindre dem i at klæbe.
tilsæt spaghetti saucen. Lad simre for at sikre, at frikadellerne er gennemstegte.
c) Opvarm 3 spsk olivenolie og svits forsigtigt auberginen ved middel varme.
d) Drys med salt og peber efter smag.
e) Kog i 4 minutter og tilsæt derefter svampene.
f) Skær baguetterne i skiver på langs og læg de nederste stykker brød med et tyndt lag auberginebøffer og dæk derefter med 3 frikadeller.
g) Kom en generøs mængde af de ekstra spaghetti saucer på og fordel rigeligt løg og svampe over frikadellerne.

INGREDIENSER
- 
- 
- 
- 

75. Frikadellehelte sandwich

Non-stick vegetabilsk olie spray
1½ pund magert hakkebøf
½ kop revet parmesanost
2 æg
- ¼ kop hakket frisk persille
- ¼ kop knuste cornflakes
- 3 fed hvidløg; hakket
- 2½ tsk tørret oregano
- ½ tsk Kværnet hvid peber
- ½ tsk salt
- 3 kopper Købt marinara sauce
- 6 lange italienske eller franske ruller; delt på langs, ristet
- 6 portioner **VEJLEDNING:**

a) En klassisk sandwich, der med garanti mætter, uanset om den serveres som weekendfrokost eller nem aftensmad.
b) Kom hakkebøf, revet parmesanost, æg, hakket frisk persille, knust cornflakes, hakket hvidløg, tørret oregano, stødt hvid peber og salt i en stor skål og blend grundigt.
c) Brug fugtede hænder til at forme kødblandingen til 1½-tommer runder og læg dem på tilberedt ark med jævnt mellemrum.
d) Bag frikadellerne, indtil de lige er faste at røre ved.

INGREDIENSER
- 
- 
- 
- 

76. <u>Frikadeller-aubergine-subs</u>

1 pund magert hakkekød
14 ounce Basilikum Krydret Spaghetti Sauce; 1 krukke
1 mellemstor aubergine
4½ spsk olivenolie; Delt op
- 1 mellemstor rødløg
- ¼ pund svampe
- 4 franskbrødssandwichruller
- 4 ounces Provolone ost; 4 skiver

**RETNINGSLINJER:**

a) Skær auberginen i ½ til ¾ tommer bøffer og læg dem på en tallerken, drys med salt og lad afdryppe i 30 minutter.
b) Form hakkebøffen til tolv 1½-tommers kødboller. Kog dem i en gryde ved lav varme, drej dem ofte for at brune jævnt og forhindre dem i at klæbe.
c) Skær løget i tynde ringe og hak svampene groft i uregelmæssige stykker og stil dem til side.
d) Skyl auberginebøfferne grundigt og dup dem derefter tørre. Opvarm 3 spsk olivenolie og svits forsigtigt auberginen ved middel varme,
e) Drys med salt og peber efter smag. Tag af varmen og lad dryppe af.
f) Kog i 4 minutter og tilsæt derefter svampene.
g) Skær baguetterne i skiver på langs og adskil toppene fra bunden. Læg de nederste stykker brød med et tyndt lag auberginebøffer og dæk derefter med 3 frikadeller.

INGREDIENSER
- 
- 
- 
- 

## 77. Mexicansk tortillafrikadellesuppe

## INGREDIENSER
- 
- 

1½ pund magert hakkebøf grøntsager

## RETNINGSLINJER:
a) Kombiner hakkebøffen med koriander, hvidløg, limesaft, spidskommen, varm sauce og salt og peber. Form til 1 ounce kugler.
b) Kog indtil brun på alle sider, cirka 5 minutter.
c) Suppe: Varm 2 spsk vegetabilsk olie i en stor suppegryde. Tilsæt løg og hvidløg.
d) Tilsæt chili og kog i 2 minutter. Tilsæt tomater og deres juice, hønsefond, chilipulver, spidskommen og varm sauce. Lad det simre i 15 til 20 minutter.
e) I en lille skål kombineres mel og hønsefond. Pisk til suppe. Bring tilbage i kog. Reducer varmen og lad det simre i 5 minutter. Tilsæt frikadeller og lad det simre i yderligere 5 minutter.

## RAMEN OG PASTA

## 78. Hayashi hakket oksekød karry

Portionsstørrelse: 2

INGREDIENSER:

- Løg, en
- Gulerødder, halv kop
- Hakket oksekød, et halvt pund
- Rapsolie, en spiseskefuld
- Ketchup, to spiseskefulde
- Salt og peber efter smag
- Majsstivelse, en teskefuld
- Oksekødsbouillon, en kop
- Sake, en spiseskefuld
- Kogt æg, et

RETNINGSLINJER :

a) Kog æg og skær i små stykker eller mos med en gaffel. Smag godt til med salt og peber.
b) Varm olie op og tilsæt løg og gulerødder.
c) Drys majsstivelse ovenpå hakket oksekød og tilsæt til grøntsagerne. Tilsæt en kvart kop oksebouillon og knæk hakkekødet under omrøring.
d) Tilsæt oksebouillon, ketchup, sake og Worcestershire sauce.
e) Bland godt og kog i ti minutter eller indtil al væsken er fordampet. Smag til med salt og peber.

f) Steg løg i en separat gryde, indtil de er sprøde.

### 79. Ramen nudelgryde med bøf

Portionsstørrelse: 2

INGREDIENSER:

- Løg, en
- Gulerødder, halv kop
- Hakket oksekød, et halvt pund
- Rapsolie, en spiseskefuld
- Ketchup, to spiseskefulde
- Salt og peber efter smag
- Majsstivelse, en teskefuld
- Oksekødsbouillon, en kop
- Sake, en spiseskefuld
- Kogt æg, et
- Worcestershire sauce, en spiseskefuld

RETNINGSLINJER :

a) Varm olie op i en stor stegepande over medium høj varme.

b) Tilsæt bøf og svits indtil den ønskede færdiggørelse, cirka fem minutter på hver side for medium, overfør derefter til et skærebræt og lad det hvile i fem minutter, og skær det derefter i skiver.

c) I en lille skål piskes sojasovs, hvidløg, limesaft, honning og cayenne sammen, indtil det er kombineret og sat til side.

d) Tilsæt løg, peberfrugt og broccoli til stegepanden og kog indtil de er møre, tilsæt derefter sojasovsblandingen og rør indtil den er helt dækket.

e) Tilsæt kogte ramennudler og bøf og vend indtil de er kombineret.

80. <u>Japanske karrykugler</u>

## INGREDIENSER

- Dej
- 1 kop. Panko
- 2 spiseskefulde vegetabilsk olie
- Karryfyld
- 100 g oksekød, hakket
- 1 mellemstor løg, hakket
- 2 kartofler, kogte og mosede
- 2 spsk hvidløgspulver
- 1 gulerod. Fint skåret i tern
- 1 spsk garam masala
- 60 g karry roux

## VEJLEDNING

a) Varm olien op i en ren mellemstor gryde, rør gulerødder, løg, hvidløgspulver i og kog til

b) Tilsæt oksekød og lidt vand for at koge i 20 minutter

c) Reducer varmen og vend karry og masala i. Rør det for at blande det

d) Tilsæt kartoffelmosen og bland godt for at sætte sig

e) Forvarm ovnen til 250 grader

f) Når fyldet er afkølet. Del dejen i kugler, ælt den på en meldrysset overflade, kom lidt fyld på dejstykket og rul til en fin solid kugle

g) Gentag det samme for resten, mal hver med olien og smid den fyldte dej over pankoen

h) Læg dejen i en færdig bageplade og bag den i 20 minutter
## 81. Mock ramen pot pie

Serveringer
: 4

## INGREDIENSER
- 2 (3 oz.) pakker ramennudler
- 1 lb. hakket oksekød
- 1 (15 oz.) dåser sukkermajs
- 1/2 kop løg, hakket
- vegetabilsk olie

## VEJLEDNING
a) Før du gør noget, forvarm ovnen til 350 F.
b) Tilbered nudlerne efter anvisningerne på pakken. Stil en stor pande over medium varme. Varm et skvæt olie i den. Kog oksekødet med løg i det i 12 minutter.
c) Fordel blandingen i bunden af en smurt bradepande. Top den med majs og ramen nudlerne efter at have drænet den.
d) Sæt gryden i ovnen og kog den i 14 til 16 minutter. Server den

## 82. Ramen nudelgryde med bøf

Serveringer : 2

## INGREDIENSER:

- Løg, en
- Gulerødder, halv kop
- Hakket oksekød, et halvt pund
- Rapsolie, en spiseskefuld ● Ketchup, to spiseskefulde
- Salt og peber efter smag
- Majsstivelse, en teskefuld
- Oksekødsbouillon, en kop
- Sake, en spiseskefuld
- Kogt æg, et
- Worcestershire sauce, en spiseskefuld

## RETNINGSLINJER :

d) Varm olie op i en stor stegepande over medium høj varme.

e) Tilsæt bøf og svits indtil den ønskede færdiggørelse, cirka fem minutter på hver side for medium, overfør derefter til et skærebræt og lad det hvile i fem minutter, og skær det derefter i skiver.

f) I en lille skål piskes sojasovs, hvidløg, limesaft, honning og cayenne sammen, indtil det er kombineret og sat til side.

g) Tilsæt løg, peberfrugt og broccoli til stegepanden og kog indtil de er møre, tilsæt derefter sojasovsblandingen og rør indtil den er helt dækket.

h) Tilsæt kogte ramennudler og bøf og vend indtil de er kombineret.

**83. Ramen lasagne**

Serveringer
: 4

## INGREDIENSER
- 2 (3 oz.) pakker ramennudler
- 1 lb. hakket oksekød
- 3 æg
- 2 C. revet ost
- 1 spsk hakket løg
- 1 kop spaghetti sauce

## VEJLEDNING
a) Før du gør noget, forvarm ovnen til 325 F.
b) Stil en stor stegepande over medium varme. Kog oksekødet heri med 1 krydderpakke og løg i 10 minutter.
c) Overfør oksekødet til en smurt bradepande. Pisk æggene og kog dem i samme gryde til de er færdige.
d) Top oksekødet med 1/2 kop revet ost efterfulgt af de kogte æg og endnu en 1/2 kop ost.
e) Kog ramen nudlerne efter anvisningen på pakken. Dræn den og vend den med spaghetti saucen.
f) Fordel blandingen over hele ostelaget. Top det med den resterende ost. Bag det i ovnen i 12 minutter. server din lasagne varm. God fornøjelse.

## 84. Fermenterede Sichuan nudler

Serveringer
: 2

## INGREDIENSER SOVS
- 1/2 spsk fermenterede sorte bønner
- 2 spsk chilibønnepasta
- 1/2 spsk Shaoxing-vin eller 1/2 spsk tør sherry
- 1 tsk sojasovs
- 1 tsk sesamolie
- 1 tsk sukker
- 1/2 tsk malet Sichuan peber

## NUDLER
- 1 spsk jordnøddeolie eller 1 spsk vegetabilsk olie
- 4 oz. hakket svinekød eller 4 oz. hakket oksekød
- 2 spidskål, hvide grønne dele adskilt hakket
- 1 fed hvidløg, hakket
- 1 tsk frisk ingefær, hakket
- 3 C. hønsefond
- 1 lb. tofu, tern
- 2 (4 oz.) pakker ramennudler, pakken fjernet

## VEJLEDNING
a) Få en lille røreskål: Knus de sorte bønner i den med chilibønnepasta, risvin, sojasauce, sesamolie, sukker og Sichuan-peber, indtil de bliver glatte.
b) Stil en stor pande over medium varme. Varm olien i den. Brun svinekødet i det i 3 minutter.
c) Rør spidskålshviderne, hvidløg og ingefær i og steg dem i 1 minut ved svag varme.

d) Rør den sorte bønneblanding med bouillonen i gryden. Kog dem til de begynder at koge. Sænk varmen og rør tofuen i. Lad dem koge i 6 minutter.
e) Tilbered nudlerne efter anvisningerne på pakken.
f) Hæld den i serveringsskåle og top den med tofublanding.
g) Server dine nudler varme.
h) God fornøjelse.

## 85. Amerikansk hakkebøf ramen

Portioner: 4

**INGREDIENSER**

- 1 lb. hakket oksekød, drænet
- 3 (3 oz.) pakker ramennudler med oksekødsmag
- 5 C. kogende vand
- 1/4-1/2 kop vand
- 1 (16 oz.) dåser majs
- 1 (16 oz.) dåser ærter
- 1/4 kop sojasovs
- 1/2 tsk stødt rød peber
- 1 skvæt kanel
- 2 tsk sukker

**VEJLEDNING**

a) Stil en stor pande over medium varme. Varm et skvæt olie i den. Tilsæt oksekødet og kog det i 8 minutter. Læg det til side.
b) Stil en stor gryde over medium varme. Varm 5 C. vand i den, indtil den begynder at koge. Kog nudlerne i det i 3 til 4 minutter.
c) Fjern nudlerne fra vandet og rør det i gryden med oksekødet.
d) Tilsæt vand, majs, ærter, sojasovs, rød peber, kanel, sukker og 1 og en halv af krydderipakkerne. Smid dem til belægning.
e) Lad dem koge i 6 minutter under jævnlig omrøring. Server din ramen Skillet Hot.

# 86. Mung bang nudler stegepande

Portioner: 1

## INGREDIENSER

- 1 lb. magert hakkebøf, kogt
- 6 skiver kalkunbacon, hakket
- 2 (3 oz.) pakker ramennudler
- 3 fed hvidløg, hakket
- 1 mellemstor rødløg, skåret i tern
- 1 mellemstor kål, hakket
- 3 gulerødder, skåret i tynde 1 tomme strimler
- 1 rød peberfrugt, skåret i mundrette stykker
- 2-4 spsk let sojasovs
- 3 C. bønnespirer
- let sojasovs efter smag
- knuste røde peberflager

## VEJLEDNING

a) Stil en stor pande over medium varme.
b) Kog baconen heri til den bliver sprød. Dræn det og læg det til side. Behold omkring 2 spsk af baconfedtet i gryden.
c) Svits hvidløg med løg heri i 4 minutter. Rør 2 spsk sojasovs og gulerødderne i.
d) Lad dem koge i 3 minutter. Rør peberfrugten med kål og lad dem koge i yderligere 7 minutter.
e) Kog nudlerne efter producentens anvisninger Vejbeskrivelse. Dræn det og rør det med et skvæt olivenolie.

f) Rør oksekød, bacon og knust rød peber i gryden med de kogte grøntsager. Lad dem koge i 4 minutter, mens du rører ofte.
g) Når tiden er gået, røres bønnespirerne og Ramen nudlerne i grøntsagsblandingen. Lad dem koge i yderligere 3 minutter, mens du rører hele tiden.
h) Server din nudelgryde varm med noget varm sauce.
i) God fornøjelse.

## 87. Rørstegt hakkebøf Ramen

Portioner: 3

**INGREDIENSER**
- 2 kopper oksefars
- ½ tsk ingefærpasta
- 2 gulerødder, skrællet, skåret i skiver
- 1 mellemstor løg, skåret i tynde skiver
- 3-4 hvidløg, hakket
- Salt og peber efter smag
- 3 spsk smør
- 3 pakker nudler, kogte
- 3 nudelkrydderipakker
- 3 spsk madolie
- 2 spsk eddike **BRUGSANVISNING** :

a) Varm lidt smør op i en wok og steg ingefærpastaen, hvidløg med løg, indtil det er blødt.
b) Tilsæt oksefarsen og kog indtil den ikke længere er lyserød.
c) Smag til med nudelkrydderierne, salt, peber, eddike. Kast for at kombinere.
d) Tilsæt gulerødderne og kog i 5-6 minutter.
e) Efter at gulerødderne er kogt tilsættes nudlerne og blandes grundigt.
f) Overfør til et serveringsfad og server varmt.
g) God fornøjelse.

## 88. Fransk ramenpande

Portioner: 1

## INGREDIENSER
- 2 (3 oz.) pakker ramen nudler, enhver smag
- 2 spsk creme fraiche
- 1 (10 1/2 oz.) dåser fløde med svampesuppe
- 1/2 kop vand
- 1/2 kop mælk
- 1/4 kop løg, hakket
- 1/4 kop franskstegte løg
- 1/2 lb. hakket oksekød

## VEJLEDNING
a) Før du gør noget, skal du forvarme ovnen til 375 F.
b) Få en røreskål: Rør nudler, 1 pakke krydderier, creme fraiche, suppe (ufortyndet) vand, mælk og løg i den. Stil en stor pande over medium varme.
c) Kog oksekødet i det i 8 minutter. Dræn det og tilsæt det til nudelblandingen. Rør dem til belægning.
d) Hæld blandingen i en smurt gryde. Bag det i ovnen i 22 minutter. Top nudelpanden med det stegte løg og steg det i yderligere 12 minutter i ovnen.
e) Top den med osten og server den lun.
f) God fornøjelse.

## 89. Pastitsio

## INGREDIENSER ●
Nonstick madlavningsspray

- ¾ kop kogte fuldhvede albuemakaroni
- ½ kop kogt hakkebøf
- ¼ kop revet mozzarella
- 3 spsk. tomatpuré
- 2 spsk. kyllingefond
- ⅛ teskefuld tørret timian
- ⅛ teskefuld stødt kanel
- Dynger ⅛ tsk kosher salt
- 3 kværn sort peber

## VEJLEDNING

a) Spray indersiden af en 16-oz. krus med madlavningsspray.

b) I en lille skål røres alle ingredienserne sammen og hældes i kruset.

c) Dæk til og mikroovn indtil osten smelter, cirka 2 minutter.

## 90. Koreansk måltid prep oksekød skåle

## INGREDIENSER
- ⅔ kop hvide eller brune ris
- 4 mellemstore æg
- 1 spsk olivenolie
- 2 fed hvidløg, hakket
- 4 kopper hakket spinat

## KOREANSK OKSEKØD
- 3 spsk pakket brun farin
- 3 spiseskefulde sojasovs med reduceret natrium
- 1 spsk friskrevet ingefær
- 1½ tsk sesamolie
- ½ tsk sriracha (valgfrit)
- 2 tsk olivenolie
- 2 fed hvidløg, hakket
- 1 pund hakket oksekød
- 2 grønne løg, i tynde skiver (valgfrit)
- ¼ tsk sesamfrø (valgfrit)

## VEJLEDNING
a) Kog risene efter pakkens anvisninger; sæt til side.
b) Læg æggene i en stor gryde og dæk med koldt vand med 1 tomme. Bring i kog og kog i 1 minut. Dæk gryden med et tætsluttende låg og tag af varmen; lad sidde i 8 til 10 minutter. Dræn godt af og lad afkøle, inden du skræller og skærer i halve.
c) Varm olivenolien op i en stor stegepande ved middelhøj varme.

Tilsæt hvidløg og kog under jævnlig omrøring, indtil dufter, 1 til 2 minutter. Rør spinaten i og kog indtil den er visnet, 2 til 3 minutter; sæt til side.

d) Til oksekødet: I en lille skål piskes brun farin, sojasauce, ingefær, sesamolie og sriracha sammen, hvis du bruger det.

e) Varm olivenolien op i en stor stegepande ved middelhøj varme.

Tilsæt hvidløg og steg under konstant omrøring, indtil det dufter, cirka 1 minut. Tilsæt hakket oksekød og kog indtil brunet, 3 til 5 minutter, og sørg for at smuldre oksekødet, mens det koger; dræn overskydende fedt. Rør sojasovsblandingen og de grønne løg i, indtil de er godt blandet, og lad dem simre, indtil de er gennemvarme, cirka 2 minutter.

f) Placer ris, æg, spinat og hakkebøf blandingen i måltidsforberedelsesbeholdere og pynt med grønne løg og sesamfrø, hvis det ønskes. Holder sig tildækket i køleskabet i 3-4 dage.

g) Genopvarm i mikrobølgeovnen i 30 sekunders intervaller, indtil den er gennemvarmet.

# HOVEDRET

## 91. Løg Salisbury Steaks

Serverer: 6
Tilberedningstid: 40 minutter

**INGREDIENSER**
- 1-1/2 pund magert hakkebøf
- 3 æggehvider
- 2 løg, hver hakket for sig
- 3/4 kop almindeligt brødkrummer
- 1/2 kop fedtfattig mælk
- 1 spsk tørret italiensk krydderi
- 1 tsk salt
- 1 (10-3/4-ounce) dåse kondenseret oksebouillon
- 1 (10-3/4-ounce) dåse fedtfattig kondenseret fløde af svampesuppe
- 1/4 tsk hvidløgspulver
- 1/4 tsk sort peber

**VEJLEDNING**

a) Forvarm ovnen til 350 grader F.
b) I en stor skål kombineres hakket oksekød, æggehvider, 1 hakket løg, brødkrummer, mælk, italiensk krydderi og salt; bland godt. Del blandingen i 6 lige store mængder og lav 6 ovale bøffer. Læg bøfferne på en bageplade med en kant, der er blevet belagt med madlavningsspray, og bag dem i 25 til 30 minutter, eller indtil der ikke er lyserøde tilbage, og vend halvvejs gennem tilberedningen.
c) I en gryde, der er blevet belagt med madlavningsspray, sauter du de resterende hakkede løg i 3 til 4 minutter, eller indtil de er møre. Tilsæt de resterende ingredienser og rør, indtil det er godt blandet. Lad det simre over medium-lav varme 8 til 10 minutter, eller indtil det er opvarmet.

d) Fjern bøfferne på serveringsfadet og top med sauce.
## 92. Kødbrød <u>i hjemmet</u>

Serverer: 10
Tilberedningstid: 1 time og 35 minutter

**INGREDIENSER**

- 2 pund 95% magert hakket oksekød
- 1 (8-1/4-ounce) dåse julienne gulerødder, drænet
- 1 (13-1/2-ounce) dåse svampestængler og -stykker, drænet
- 1/2 kop cornflakeskrummer
- 1 spsk tørret hakket løg
- 1/2 kop æggeerstatning
- 1/2 tsk sort peber
- 3 spsk ketchup

**VEJLEDNING**

a) Forvarm ovnen til 350 grader F. Beklæd en 5- x 9-tommer brødform med madlavningsspray.

b) I en stor skål kombineres hakket oksekød, gulerødder, svampe, cornflakesmulder, hakket løg, æg-erstatning og peber; bland godt. Læg i en bradepande og fordel ketchup jævnt over toppen.

c) Bag 1-1/2 time, eller indtil der ikke er noget lyserødt tilbage. Lad det sidde i 5 minutter. Hæld eventuelt overskydende væske fra, skær derefter i skiver og server.

## 93. Cheesy Burger Fries

Serverer: 4
Tilberedningstid: 25 minutter

**INGREDIENSER**
- 1 (32-ounce) pose frosne pommes frites
- 1 pund hakket oksekød
- 1/2 kop ketchup
- 1/4 kop gul sennep
- 1/4 tsk salt
- 1/4 tsk sort peber
- 1 lille løg, hakket
- 1/2 kop skåret dild pickles
- 3/4 kop ostesauce, opvarmet

**VEJLEDNING**
a) Læg frosne pommes frites på en bageplade og bag efter pakkens anvisning.
b) I mellemtiden, i en stor stegepande, kog hakkebøf over høj varme, indtil brunet, omkring 6 til 8 minutter; dræn overskydende fedt fra.
c) Rør ketchup, sennep, salt og peber i; bland godt og kog yderligere 2 til 3 minutter, eller indtil det er opvarmet.
d) Læg pommes frites på et stort fad, hæld kødblandingen over fritterne, drys med løg og pickles, og dryp jævnt ostesauce over det hele. Server straks.

## 94. Bagt Gulasch

Serverer: 4
Tilberedningstid: 50 minutter

**INGREDIENSER**

- 1-1/2 til 2 pund hakket oksekød
- 1/2 pund skivede svampe
- 1 lille løg, hakket
- 1 spsk hakket hvidløg
- 1 (28 ounce) krukke spaghetti sauce
- 1 tsk salt
- 1/2 tsk sort peber
- 8 ounce ubehandlede albuemakaroni
- 1/2 kop vand
- 1 kop (4 ounce) revet mozzarellaost

**VEJLEDNING**

a) Forvarm ovnen til 350 grader F. Beklæd en 2-1/2-quart grydeske med madlavningsspray.

b) I en stor stegepande, brun hakket oksekød, svampe, løg og hakket hvidløg over medium-høj varme 6 til 8 minutter, eller indtil der ikke er pink tilbage i oksekødet, omrør ofte. Hæld overskydende væske fra og tilsæt derefter de resterende ingredienser undtagen ost; bland godt.

c) Læg blandingen i forberedt ildfast fad, dæk til og bag i 25 minutter. Tag ud af ovnen og top med mozzarellaost. Vend tilbage til ovnen og bag uden låg i 15 til 20 minutter, eller indtil den er gennemvarmet og osten er smeltet.

## 95. Let Stroganoff

Serverer: 6
Tilberedningstid: 15 minutter

## INGREDIENSER
- 1-1/2 pund hakket oksekød
- 1 (8-ounce) pakke forskåret friske svampe
- 1 stort løg, skåret i tynde skiver
- 16 ounce karton creme fraiche
- 1 (10-3/4-ounce) dåse fløde af svampesuppe, ufortyndet
- Hvidløg salt og sort peber efter smag (valgfrit)

## VEJLEDNING
a) 1. Brun hakket oksekød i en stor stegepande under omrøring, indtil det smuldrer og ikke længere er lyserødt; dræn i et dørslag, kasser dryp. Sæt hakkebøf til side.
b) 2. Tilføj svampe og løg til stegepanden, og kog over medium-høj varme under konstant omrøring i 5 minutter eller indtil de er møre.
c) 3. Tilføj hakkebøf, creme fraiche og suppe; kog over medium varme 5 minutter eller indtil grundigt opvarmet, omrør lejlighedsvis. Rør eventuelt hvidløgssalt og peber i efter smag. Server straks over varme kogte ægnudler.

## 96. Alt i én Pierogi Skillet

Serverer: 4
Tilberedningstid: 20 minutter
## INGREDIENSER
- 1 spiseskefuld vegetabilsk olie
- 1 pund hakket oksekød
- 1 (16 ounce) pakke frosne kartoffelpierogis, optøet
- 1 (10 ounce) pakke frosne broccolibuketter, optøet
- 1/2 tsk salt
- 1/4 tsk sort peber
- 1 kop (4 ounce) revet cheddarost

## VEJLEDNING
a) I en stor stegepande, opvarm olie over medium-høj varme, og brun oksekød 5 minutter, omrøring ofte.
b) Tilsæt pierogi og kog 4 til 5 minutter, eller indtil det er opvarmet.
c) Rør broccoli, salt og peber i, og top med ost.
d) Reducer varmen til lav, dæk til og kog yderligere 2 til 3 minutter, eller indtil osten smelter og broccolien er gennemvarmet.

## 97. Murerkrukke Bolognese

## INGREDIENSER

- 2 spsk olivenolie
- 1 pund hakket oksekød
- 1 pund italiensk pølse, tarme fjernet
- 1 løg, hakket
- 4 fed hvidløg, hakket
- 3 (14,5 ounce) dåser hakkede tomater, drænet
- 2 (15-ounce) dåser tomatsauce
- 3 laurbærblade
- 1 tsk tørret oregano
- 1 tsk tørret basilikum
- $\frac{1}{2}$ tsk tørret timian
- 1 tsk kosher salt
- $\frac{1}{2}$ tsk friskkværnet sort peber
- 2 (16 ounce) pakker fedtfattig mozzarellaost, i tern
- 32 ounce ubehandlet fuldkornsfusilli, kogt i henhold til pakkens instruktioner; omkring 16 kopper kogt

## VEJLEDNING

a) Varm olivenolien op i en stor stegepande ved middelhøj varme. Tilsæt hakkebøffer, pølse, løg og hvidløg. Kog indtil brunet, 5 til 7 minutter, og sørg for at smuldre oksekødet og pølsen, mens det tilberedes; dræn overskydende fedt.

b) Overfør hakkebøfblandingen til en 6-quart langsom komfur. Rør tomater, tomatsauce, laurbærblade, oregano, basilikum, timian, salt og peber i. Dæk til og kog ved svag varme i 7 timer og 45 minutter. Tag låget af og drej slowcookeren til høj. Fortsæt med at koge i 15 minutter, indtil saucen er tyknet. Kassér laurbærbladene og lad saucen køle helt af.

c) Fordel saucen i 16 (24-ounce) bredmundede glaskrukker med låg eller andre varmebestandige beholdere. Top med mozzarella og fusilli. Stil på køl i op til 4 dage.
d) For at servere, mikroovn, afdækket, indtil det er opvarmet, cirka 2 minutter. Rør for at kombinere.

## 98. Oksekød i græsk stil med grøntsager

Serverer: 4

**INGREDIENSER:**
- 1 lb. hakket oksekød
- Salt og sort peber efter smag
- 1 spsk olivenolie
- 5 mellemstore gulerødder, skåret i skiver
- ¼ kop + 2 spsk hvidvin, delt
- 1 bundt baby bok choy, trimmet og groft hakket
- 3 fed hvidløg, hakket
- 1 (15 oz.) dåse navybønner, skyllet og drænet
- 2 spsk finthakket frisk oregano
- ½ kop revet parmesanost
- 2 spsk citronsaft

**VEJLEDNING**

a) Kog oksekød i en stor stegepande over medium varme i 10 minutter eller indtil brun.

b) Smag til med salt, sort peber og kom over på en tallerken. Sæt til side.

c) Varm olivenolie i samme stegepande og sauter gulerødder i cirka 5 minutter eller indtil de er møre. Tilsæt bok choy, hvidløg og ¼ kop hvidvin; kog i 3 minutter, eller indtil bok choy visner.

d) Rør oksekød, marinebønner, oregano og resterende hvidvin i; lad det simre i 3 minutter eller indtil bønnerne er varme. Sluk for varmen og dryp citronsaft ovenpå.

e) Anret mad, top med parmesanost og server varm.

## 99. Oksekød fyldt zucchini

Udbytte: 1 portion

**INGREDIENSER**
- 1 mellemstor Zucchini
- ¼ pund hakket oksekød
- 1 spsk hakket løg
- 1 spsk hakket grøn peber
- 3 spsk Tomatsauce
- 2 spsk parmesanost; delt op
- 1 skvæt hvidløgspulver
- 1 streg Salt

**VEJLEDNING**
a) Skær zucchini i halve på langs. Træk frugtkødet ud og efterlader en ¼ tomme skal.
b) Hak frugtkødet og sæt til side. Læg hakket oksekød, løg og grøn peber i en lille gryde. Dæk til og mikroovn ved høj i 1 til 2 minutter, omrør én gang, indtil oksekødet er brunet. Dræne.
c) Tilsæt zucchinipulp, tomatsauce, 1 spsk parmesanost, hvidløgspulver og salt til hakkebøfsblandingen. Læg halvdelen af oksekødsblandingen i hver zucchiniskal. Drys med resterende 1 spsk parmesanost.

d) Læg den fyldte zucchini på en rist i mikrobølgeovnen. Dæk tæt med kraftig plastfolie. Mikroovn på Høj for 1¼ minut
e) Giv retten en halv omgang, og lad den stå i mikrobølgeovnen ved høj i 1 ½ til 3 ½ minut, eller indtil fyldet er sat og zucchinien er mør.

100. <u>TexMex gryderet</u>

Udbytte: 4 portioner

## INGREDIENSER
- 1 pund hakket oksekød
- 1 mellemstor løg, hakket
- $\frac{1}{2}$ (1 25 oz.) tacokrydderiblanding i kuvert
- $\frac{1}{2}$ (15 til 16 oz.) krukkesalsa
- $\frac{1}{4}$ kop creme fraiche
- $1\frac{1}{2}$ kop tortilla eller majschips
- $\frac{1}{4}$ kop revet cheddar

## VEJLEDNING
a) Kombiner hakket oksekød, løg og tacokrydderi blanding i mellemstor skål; kog, tildækket på høj i 4 til 6 minutter, indtil oksekød ikke længere er lyserødt, omrør en gang halvvejs gennem tilberedningen.
b) Rør salsa og creme fraiche i. 2. I en $1\frac{1}{2}$ liter gryde, læg halvdelen af kødblandingen i lag, alle tortillachips, derefter den resterende kødblanding.
c) Kog, tildækket, 1 til 2 minutter, indtil det er varmt
d) Afdække; drys med ost. Kog i 1 til 2 minutter, indtil osten smelter.
e) Top med enhver favorit taco-fiksering: revet salat, hakket tomat, avocadoskiver.

## KONKLUSION

Der er ikke noget, vi kan lide mere end klassiske, traditionelle måltider. Med så mange kræsne spisere derude, vil du nogle gange have en opskrift, der bare fungerer. Du vil gerne eksperimentere og have lidt variation, men du har brug for noget pålideligt – og det er her, disse hakkebøfsopskrifter kommer ind i billedet!

www.ingramcontent.com/pod-product-compliance
Lightning Source LLC
Chambersburg PA
CBHW070356120526
44590CB00014B/1151